Sean Covey

Die 7 Wege zur Effektivität für Jugendliche

Workbook

AF511228

„Deine Ziele, deine Träume, deine Pläne – alles ist zum Greifen nah. Also, mach dich auf den Weg. Nutze dieses Workbook und leg den Grundstein für eine spannende, glückliche und erfolgreiche Zukunft.

Werde die effektivste Person, die du in deinem Leben sein kannst. Denn: Deine Effektivität kann die Welt verändern!"

SEAN COVEY

„Bücher sind die beste Nahrung fürs Gehirn."
Sean Covey

Weitere Bücher von Sean Covey

Die 7 Wege zur Effektivität für Jugendliche
978-3-86936-940-2

Die 6 wichtigsten Entscheidungen für Jugendliche
978-3-86936-969-3

Bücher von Stephen R. Covey

Die 7 Wege zur Effektivität – Kompaktausgabe
978-3-96739-066-7

Das Leitbild deines Lebens
978-3-96739-143-5

Die 7 Wege zur Effektivität für unterwegs
978-3-96739-068-1

Die 7 Wege zur Effektivität für starke Familien
978-3-96739-149-7

Die 7 Wege zu glücklichen Beziehungen
978-3-96739-041-4

Sean Covey

Die 7 Wege zur Effektivität für Jugendliche

Workbook

GABAL FranklinCovey®

Die amerikanische Originalausgabe „The 7 Habits of Highly Effective Teens Guided Journal" erschien 2022 bei Mango Publishing Group, a division of Mango Media Inc., New York, USA.

Bibliografische Information der Deutschen Nationalbibliothek

Die Deutsche Nationalbibliothek verzeichnet diese Publikation in der Deutschen Nationalbibliografie; detaillierte bibliografische Informationen sind im Internet über http://dnb.d-nb.de abrufbar.

ISBN 978-3-96739-187-9

Übersetzung und Redaktion: Claudia Franz, Oberstaufen | info@text-it.org
Content design: Annie Oswald und M. J. Fievre
Umschlaggestaltung: total italic (Thierry Wijnberg), Amsterdam/Berlin | www.totalitalic.com
Titelabbildungen: Irina Adamovich / Shutterstock
Illustrationen: Timo Würz
Autorenfoto: FranklinCovey Co.
Satz: ZeroSoft, Timisoara
Druck und Bindung: Salzland Druck, Staßfurt

Wir drucken in Deutschland.

www.gabal-verlag.de
www.gabal-magazin.de
www.twitter.com/gabalbuecher
www.facebook.com/gabalbuecher
www.instagram.com/gabalbuecher

PEFC/04-31-2251

PEFC zertifiziert
Dieses Produkt stammt aus nachhaltig bewirtschafteten Wäldern und kontrollierten Quellen.

www.pefc.de

Inhalt

2. Weg: Schon am Anfang das Ende im Sinn haben

3. Weg: Das Wichtigste zuerst tun

Beziehungen – der Stoff, aus dem das Leben ist!

4. Weg: Win-Win-Denken

5. Weg: Erst verstehen, dann verstanden werden

6. Weg: Synergien schaffen

7. Weg: Die Säge schärfen

Hi,

super, dass du da bist! Dieses Workbook ist dein Ticket zu mehr Effektivität, Erfolg und Selbstentwicklung. Keine Angst! Das ist kein langweiliges Schulbuch. Wir machen das ganz anders. Hier geht es nicht darum, über *Die 7 Wege zur Effektivität* zu reden. Es geht ums Erleben, ums Tun und ums Anwenden!

Jedes Kapitel in diesem Workbook ist eine Schatzkiste voller Praxistools zu einem der 7 Wege. Hier findest du nicht nur kurze Infos zum jeweiligen Weg, sondern auch spannende Fragen, die deine Gedanken in Schwung bringen. Übungen, die dich aus deiner Komfortzone holen. Ideen, die dir neue Perspektiven schenken. Und natürlich gibt's auch jede Menge Sprüche, Zeichnungen und Zitate, die dir Lust machen, die 7 Wege im Alltag auszuprobieren.

Leg einfach los!

In diesem Workbook kannst du nach Herzenslust stöbern. Starte ganz klassisch von vorne und arbeite dich systematisch durch. Oder spring direkt zu dem Weg, der dich gerade am meisten interessiert. Es gibt keine starren Regeln. Mach einfach das, was am besten zu dir passt.

Ganz wichtig: Das ist dein persönliches Workbook! Schreib deine Ideen direkt ins Buch. Markier die Dinge farbig, die besonders wichtig für dich sind. Unterstreich, mal etwas, kritzel oder kleb Bilder ein. Lass deiner Kreativität freien Lauf. Mach das Workbook zu deinem persönlichen Begleiter, Coach und Mutmacher.

Bist du bereit? Dann leg gleich los!

Ich wünsche dir viel Spaß mit dem Workbook und alles erdenklich Gute auf deinem Weg in eine spannende, glückliche und erfolgreiche Zukunft!

Dein **Sean**

Durchstarten mit den 7 Wegen zur Effektivität für Jugendliche

1. Nutze die Macht der Gewohnheit!

„Deine Gewohnheiten entscheiden, ob du auf der Gewinnerstraße bist oder nicht!"
SEAN COVEY

Was sind Gewohnheiten?

Gewohnheiten sind Dinge, die du regelmäßig tust, ohne groß darüber nachzudenken. Du schreibst, du wippst mit den Füßen oder du putzt dir die Zähne. Hier sind ein paar Gewohnheiten, die du haben könntest:

- regelmäßig Sport treiben,
- die Hausaufgaben im Wohnzimmer erledigen,
- stundenlang im Internet surfen,
- morgens duschen,
- dir Sorgen über alles Mögliche machen.

Die meisten Gewohnheiten nimmst du gar nicht wahr. Wieso? Weil du im Autopilot-Modus bist. Manche Gewohnheiten sind nützlich – etwa vor Tests rechtzeitig mit dem Lernen beginnen. Andere Gewohnheiten sind hinderlich – zum Beispiel Minderwertigkeitskomplexe an den Tag legen. Und viele Gewohnheiten spielen keine Rolle – beispielsweise Zeitschriften von hinten nach vorn durchblättern.

Je nachdem, um welche Gewohnheiten es sich handelt, werden sie dein Leben entweder bereichern oder dir einen Strich durch die Rechnung machen. Die gute Nachricht? Du bist stärker als deine Gewohnheiten. Du kannst sie ändern!

Die 7 Wege zur Effektivität für Jugendliche

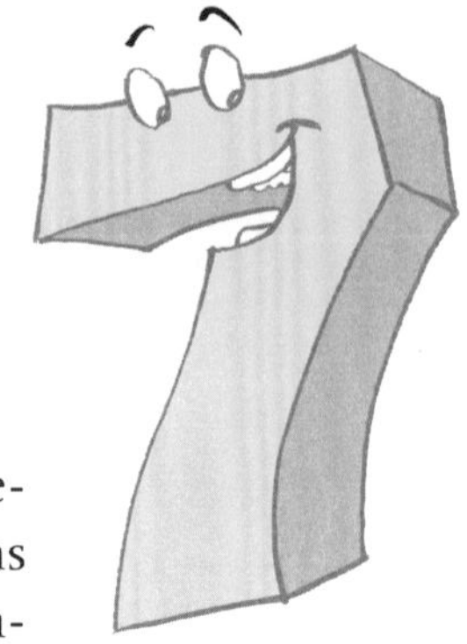

Glückliche, selbstbewusste Teens haben Gewohnheiten, die ihnen helfen, wirklich etwas aus ihrem Leben zu machen. Welche Gewohnheiten das sind? **Die 7 Wege zur Effektivität.** Die 7 Wege sind 7 Gewohnheiten, die dir helfen, deine Ziele zu erreichen und deine Träume zu leben. Sie haben sich bei Teenagern auf der ganzen Welt bewährt.

Die 7 Wege bauen aufeinander auf. Bei den Wegen 1, 2 und 3 stehst du selbst im Mittelpunkt. Hier geht es um deinen **persönlichen Erfolg**. Bei den Wegen 4, 5 und 6 dreht sich alles um deine Beziehungen zu anderen und deinen **Erfolg im Team.** Der 7. Weg umfasst alle anderen. Hier geht es um dein **Fresh-up,** um regelmäßige Auszeiten, damit dein Akku wieder auflädt. Das gibt dir die nötige Power für die anderen sechs Wege.

Die 7 Wege auf einen Blick

1. Weg: **Pro-aktiv sein**
Sitz nicht einfach nur rum, sondern nimm dein Leben selbst in die Hand.

2. Weg: **Schon am Anfang das Ende im Sinn haben**
Überleg dir, was du aus deinem Leben machen und welche Ziele du erreichen willst.

3. Weg: **Das Wichtigste zuerst tun**
Setz Schwerpunkte und mach das, was wirklich wichtig für dich ist.

4. Weg: **Win-Win-Denken**
Denk dran: Keiner muss verlieren. Alle können gewinnen.

5. Weg: **Erst verstehen, dann verstanden werden**
Überleg mal, wieso du zwei Ohren, aber nur einen Mund hast.

6. Weg: **Synergien schaffen**
Hol dir Unterstützung: Gemeinsam mit anderen kannst du viel mehr erreichen.

7. Weg: **Die Säge schärfen**
Hier geht's um dich: Nimm dir Zeit für dich selbst und lade deinen Akku regelmäßig auf.

Frag dich:

Welche Gewohnheiten habe ich? Sind diese Gewohnheiten nützlich, hinderlich oder belanglos?

Meine guten Gewohnheiten:

Meine schlechten Gewohnheiten:

Meine belanglosen Gewohnheiten:

Mach den nächsten Schritt

Welche zwei Gewohnheiten hast du, die besonders gut und hilfreich sind? Überleg dir, wie du diese beiden guten Gewohnheiten weiter ausbauen kannst.

Schreib zwei Gewohnheiten auf, die dir im Weg stehen. Was kannst du tun, um diese beiden hinderlichen Gewohnheiten loszuwerden? Wie schaffst du es, sie durch bessere Gewohnheiten zu ersetzen?

2. Entdecke den Schlüssel zum Erfolg

„Wenn du nicht selbst bestimmst, wer du wirklich sein willst, dann werden das andere für dich tun!"

SEAN COVEY

Welche Charaktereigenschaften willst du haben?

Bevor du dich mit den 7 Wegen beschäftigst, solltest du dir überlegen, welche Charaktereigenschaften du haben möchtest. Warum? Dafür gibt es mindestens zwei gute Gründe:

1. Deine Charaktereigenschaften sind die Grundlage für alles andere in deinem Leben. Sie sind der Schlüssel zu Effektivität, Erfolg und Glück.
2. Wenn du nicht selbst entscheidest, welche Charaktereigenschaften du haben möchtest, werden andere dir abnehmen. Dann lässt du dich von anderen beeinflussen und tust Dinge, die du vielleicht gar nicht machen möchtest.

Deine Charaktereigenschaften …

- bringen zum Ausdruck, wer du wirklich bist,
- zeigen, welche Werte und Prinzipien dir am Herzen liegen,
- erleichtern es dir, dir auch in schwierigen Situationen treu zu bleiben.

Frag dich:

Wie würde ich meine **Charaktereigenschaften** beschreiben?

Was hat mir als kleines **Kind** am meisten **Spaß** gemacht? Was macht mir heute besonders viel **Freude?**

Was ist der schönste **Erfolg**, den ich bisher im Leben erreicht habe?

Was ist mein größter **Traum?**

Mach den nächsten Schritt

Trag deinen Namen unten ein und unterstreich die Begriffe, die am besten zu dir passen.

Hallo, mein Name ist: ___________________________

Ich bin ...

aufgeschlossen • kreativ • abenteuerlustig • ehrgeizig • hilfsbereit • mutig • geduldig • selbstbewusst • höflich • motiviert • pünktlich • überzeugend • bescheiden • fürsorglich • spontan • fair • vielseitig • diszipliniert • tolerant • zuverlässig • redegewandt • fleißig • respektvoll • optimistisch • verständnisvoll • zielstrebig • loyal • spontan • ehrlich • neugierig • großzügig • innovativ • achtsam • organisiert • intuitiv • genau • unvoreingenommen • verantwortungsbewusst • belesen • vorausschauend • ausgeglichen • unvoreingenommen • sparsam • friedliebend • stark • gutmütig • vorsichtig • entscheidungsfreudig • humorvoll

Ich bin außerdem:

• chaotisch • perfektionistisch • manipulativ • einfallslos • ängstlich • besitzergreifend • oberflächlich • naiv • launisch • kleinlich • unsensibel • antriebslos • unsicher • humorlos • unmotiviert • intolerant • sprunghaft • kritisch • vorlaut • engstirnig • geizig • aufbrausend • überheblich • weinerlich • rücksichtslos • unzuverlässig • neidisch • anmaßend • stur • vorwurfsvoll • unaufrichtig • nervös • faul • ziellos • impulsiv • verschlossen • eigensinnig • melancholisch • nachtragend • unkooperativ • willensschwach • unachtsam • selbstgefällig • unzuverlässig • intolerant • sprunghaft

Um effektiver zu werden und mir und anderen das Leben leichter zu machen, möchte ich die folgende hinderliche Charaktereigenschaft hinter mir lassen:

____

____

____

____

____

Stattdessen werde ich mir die folgende positive Charaktereigenschaft aneignen:

Wieso werde ich wesentlich effektiver in der **Schule** sein, wenn ich diese neue positive Charaktereigenschaft habe?

Welche positiven Auswirkungen wird es auf den Umgang mit meinen **Freunden, Eltern und Geschwistern** haben, wenn ich diese neue positive Charaktereigenschaft habe?

3. Glaub an die Kraft der Prinzipien

„Wenn du dein Leben an Prinzipien ausrichten willst, musst du fest an sie glauben! Vor allem dann, wenn du siehst, dass andere an dir vorbeiziehen, weil sie lügen, schummeln, andere manipulieren oder nur auf ihren eigenen Vorteil achten. Denn eins steht fest: Früher oder später wird es sich rächen, wenn man gegen Prinzipien verstößt!"

Sean Covey

Prinzipien sind wie Naturgesetze

Prinzipien sind wie Naturgesetze. **Sie gelten immer, überall und für jeden von uns – unabhängig von Alter, Geschlecht, Beruf oder Einkommen.** Ehrlichkeit ist ein Prinzip. Engagement für andere, Dankbarkeit, Fairness, Loyalität oder Verantwortungsbewusstsein sind Prinzipien.

Wenn du dich an die Prinzipien hältst, die dir wichtig sind, steigert das dein Selbstwertgefühl. Dein **Selbstwertgefühl** kannst du sehr gut mit einem **Bankkonto** vergleichen. Wenn du Dinge tust, die deinen Prinzipien entsprechen, ist das eine Einzahlung auf dein **persönliches Selbstwertkonto**. Und wenn du etwas machst, das gegen deine Prinzipien verstößt? Dann ist das eine Abhebung. Hier ein paar Beispiele:

Abhebungen	Einzahlungen
– Du brichst Versprechen, die du dir selbst gegeben hast. – Du schummelst, schwindelst und belügst dich selbst und andere. – Du bist rücksichtslos.	+ Du hältst Versprechen, die du dir selbst gegeben hast. + Du machst weder dir selbst noch anderen etwas vor. + Du achtest auf andere.

Frag dich:

Welche drei Prinzipien sind mir am wichtigsten?

1. ______________________________

____

2. ______________________________

____

3. ______________________________

____

Kreuze an, was auf dich zutrifft: Wie sieht mein persönliches Selbstwertkonto aus?

☆ Mein Selbstwertkonto ist im **Plus**. Ich mache mehr Einzahlungen als Abhebungen.

☆ Mein Selbstwertkonto ist im **Minus**. Ich mache mehr Abhebungen als Einzahlungen.

☆ Mein Selbstwertkonto ist **ausgeglichen**. Abhebungen und Einzahlungen halten sich die Waage.

Mach den nächsten Schritt

Schreib auf, welche **Einzahlungen** du auf dein Selbstwertkonto machst:

Notiere, welche **Abhebungen** du besonders oft von deinem Selbstwertkonto machst:

Welche Abhebungen solltest du in Zukunft unbedingt vermeiden? Schreib nicht nur die jeweilige Abhebung auf, sondern auch eine Idee, wie du das Problem lösen kannst. Hier ein Beispiel:

Abhebung: Ich komme häufig auf den letzten Drücker oder zu spät in die Schule.

Lösung: Ich fahre mit dem Rad oder dem Roller zur Schule – das geht schneller.

Abhebung: ______________________________

____

Lösung: ______________________________

____

Abhebung: ______________________________

____

Lösung: ______________________________

____

Abhebung: ______________________________

____

Lösung: ______________________________

____

4. Achte auf deinen Charakter

„Menschen, die auf ihren Charakter achten, haben starke, tiefe Wurzeln. Sie halten den Stürmen des Lebens stand. Was auch immer kommt: Sie wachsen und entwickeln sich weiter!"

STEPHEN R. COVEY

Die Quelle für deine Effektivität? Dein Charakter!

Deine Persönlichkeit ist wie die **Krone eines Baums**. Das ist es, was die anderen zuerst von dir sehen. Natürlich kann deine Persönlichkeit sich positiv auf deinen Erfolg im Leben auswirken. Doch die wahre Quelle für nachhaltige Effektivität liegt in den **Wurzeln** – in deinem Charakter.

Prinzipien machen den Unterschied!

Weißt du, was der erste Schritt ist, um ein Mensch mit einem guten Charakter zu werden? Mach Prinzipien zum Zentrum deines Lebens. Mehr zu diesem Thema kannst du gerne noch mal in meinem Buch **„Die 7 Wege zur Effektivität für Jugendliche“** auf den Seiten 27 bis 42 nachlesen.

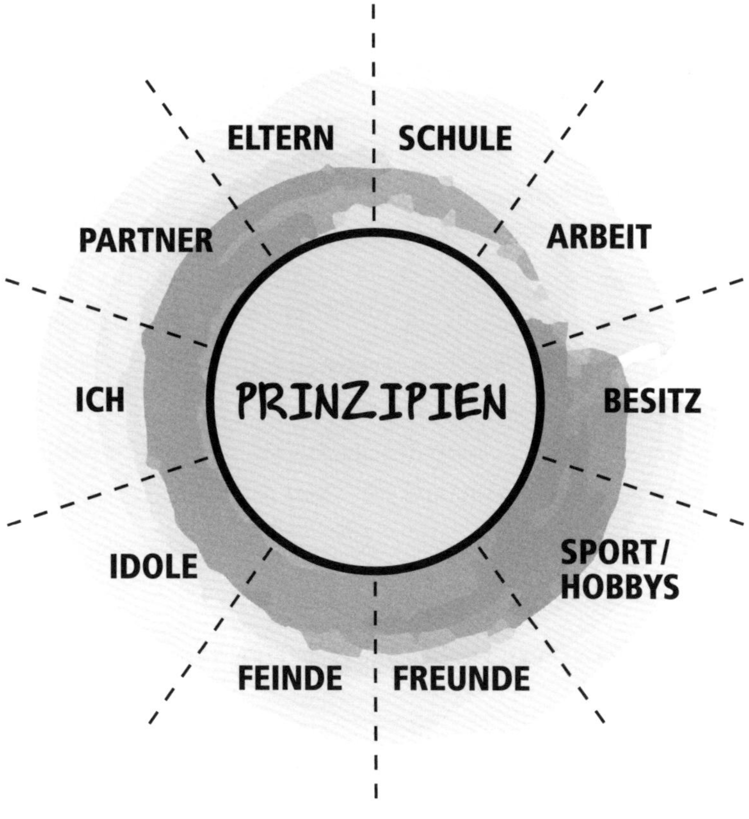

Frag dich:

Ist mir mein Aussehen wichtiger als mein Charakter? Woran könnte das liegen?

Mach den nächsten Schritt

Denk an eine Person, die einen vorbildlichen Charakter hat. Trag hier den Namen dieser Person ein:

An welchen Prinzipien richtet diese Person ihr Leben aus? Bitte unterstreiche diese Prinzipien:

Mut • Kreativität • Liebe • Ethik • Lebensbalance • Sorgfalt • Fröhlichkeit • Geduld • Kommunikation • Loyalität • Effektivität • Mitgefühl • Vertrauen • Exzellenz • Umweltschutz • Fleiß • Zufriedenheit • Gleichberechtigung • Professionalität • Freiheit • Bescheidenheit • Leistungsbereitschaft • Fairness • Lernen • Gemeinschaftssinn • Nächstenliebe • Zuverlässigkeit • Achtsamkeit • Gerechtigkeit • Optimismus

Verständnis • Respekt • Integrität • Wachstum • Güte • Humor • Spiritualität • Teamgeist • Verantwortungsbewusstsein • Freundschaft • Lebenssinn • Demut • Weiterentwicklung • Großzügigkeit • Harmonie • Offenheit • Wertschätzung • Zielstrebigkeit • Toleranz

Welche dieser Prinzipien würdest du gerne übernehmen, um das Beste in dir zum Vorschein zu bringen? Oder gibt es noch andere Prinzipien, an denen du dein Leben gerne ausrichten möchtest? Übertreib es bitte nicht. Trag in die Grafik unten die 5 Prinzipien ein, die dir am wichtigsten sind:

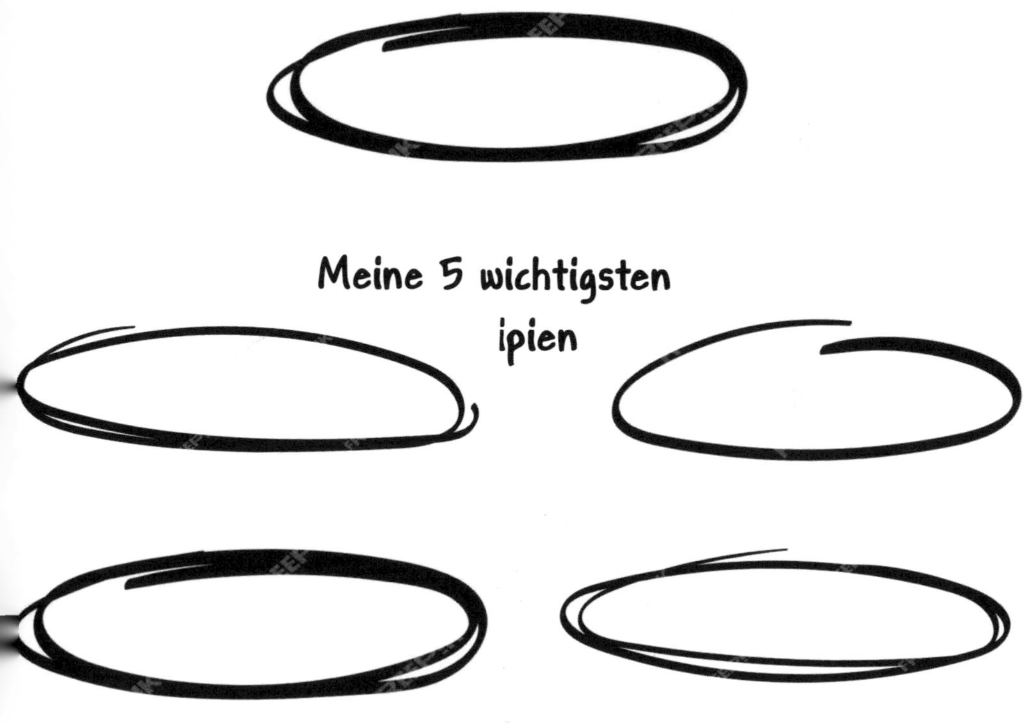

5. Checke deine Paradigmen

„Wie siehst du dich selbst? Was denkst du über dich? Negative Paradigmen über dich können dich komplett ausbremsen. Doch: Positive Selbst-Paradigmen bringend das Beste in dir zum Vorschein!"

SEAN COVEY

So kommst du deinen Paradigmen auf die Spur

Ein Paradigma ist deine Meinung über bestimmte Dinge. Dein Standpunkt. Deine Paradigmen bestimmen, wie du die Welt um dich herum siehst. Paradigmen sind wie **Brillengläser**. Was passiert, wenn du ein unzutreffendes Paradigma über dich selbst oder das Leben ganz allgemein hast? Dann ist das, als ob du eine Brille mit der falschen Sehstärke auf der Nase hättest. Alles ist verschwommen und unscharf.

Frag nach, bevor du dir ein Urteil bildest

Wir alle haben **Selbst-Paradigmen**. Zudem haben wir auch **Paradigmen im Hinblick auf andere Menschen**. Das führt dazu, dass wir oft vorschnell ein Urteil über andere fällen. Was du dagegen tun kannst? Versuch, dich in andere hineinzuversetzen. Überleg dir: Warum verhält sich diese Person so? Bist du nicht sicher? Sprich die andere Person einfach an. Frag nach mehr Informationen, bevor du dir ein Urteil bildest.

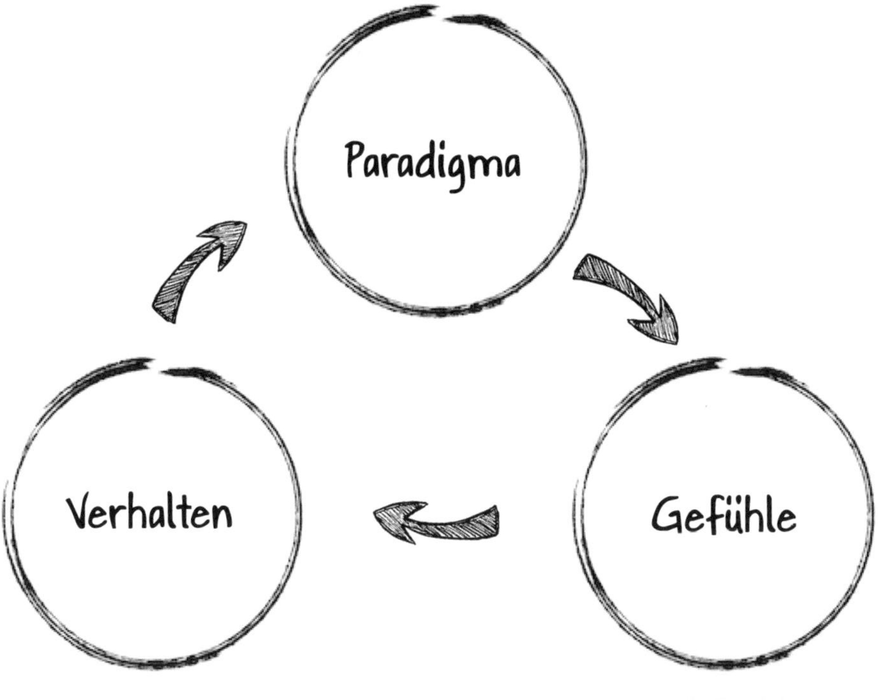

Frag dich:

Rege ich mich manchmal über Leute oder Dinge auf, die ich nicht beeinflussen kann? Wieso mache ich das? Welches Paradigma steckt dahinter? Und: Was kann ich tun, um dieses Paradigma zu ändern?

Darüber rege ich mich oft auf	Dieses Paradigma steckt dahinter

Fälle ich manchmal vorschnell ein Urteil über andere? Oder nervt mich das Verhalten anderer? Warum ist die Person so, wie sie ist? Welche Gründe stecken hinter ihrem Verhalten?

Leute, die mich nerven	Warum verhält sich diese Person so?

Mach den nächsten Schritt

Beschreibe kurz eine schwierige Situation in deinem Leben. Zum Beispiel:

Meine Freundin Lisa meldet sich nur bei mir, wenn sie etwas von mir braucht oder Stress mit ihren Eltern hat.

Notier dir drei Wörter, die beschreiben, welche Gefühle das in dir auslöst. Beispielsweise Wut, Traurigkeit, Einsamkeit oder Verletztheit. Ich fühle mich:

1.
2.
3.

Welche Informationen fehlen dir, um besser mit der Situation umzugehen? Beispielsweise:

Vielleicht weiß Lisa nicht, dass ich gerne mehr Zeit mit ihr verbringen würde? Oder sie denkt, dass ich die Dinge, die sie in ihrer Freizeit macht, doof finde.

Ob Vorurteile über andere oder mangelndes Selbstbewusstsein: Überleg dir, welche drei Paradigmen dir besonders oft im Weg stehen:

1. ______________________________

____

2. ______________________________

____

3. ______________________________

____

So kann ich diese Paradigmen überwinden:

1. ______________________________

____

2. ______________________________

____

3. ______________________________

____

1. Weg: Pro-aktiv sein

Nimm dein Leben in die eigene Hand!

1. Drück die Pausentaste

„Der 1. Weg ist der Schlüssel, um alle anderen zu beschreiten. Deshalb kommt er zuerst. Der 1. Weg besagt: Ich bin der Kapitän in meinem Leben. Ich habe das Steuer in der Hand. Ich bestimme, was ich denke, fühle und mache. Ich bin verantwortlich für mein Glück. Ich habe die Kraft, um mein Schicksal selbst zu bestimmen."

SEAN COVEY

Du hast es in der Hand!

Wenn du **pro-aktiv** bist, reagierst du nicht einfach auf die Menschen und die Umstände um dich herum. Falls dich jemand nervt oder du etwas nicht gut findest, explodierst du nicht gleich. Du handelst nicht im Sturm der Gefühle, sondern du drückst die Pausentaste. Du gehst eine Runde um den Block oder hörst deine Lieblingsmusik. Das hilft dir, dich abzuregen und in aller Ruhe gute Entscheidungen zu treffen.

Das Gegenteil von pro-aktiv ist **re-aktiv**. Re-aktive Menschen sind typische **Opfer**. Denn sie lassen zu, dass andere oder die äußeren Umstände bestimmen, wie sie handeln. Bitte denk dran: Du bist für dich verantwortlich. Du entscheidest, was du sagst und was nicht. Und: Es liegt an dir, was du tust und was du lässt. Beherzige die folgenden vier Schritte. Dann kannst du auch in stressigen Situationen pro-aktiv sein:

Pro-aktiv in 4 Schritten

1. Drück die Pausentaste und denk nach, bevor du herumbrüllst, wütend wirst oder irgendwelche sinnlosen Aktionen startest. Frag dich: „Was ist das Beste, was ich tun kann? Wie kann ich das Problem am effektivsten lösen?“

2. Übernimm Verantwortung für dich. Andere können dich nicht wütend oder traurig machen. Du allein bestimmst über deine Gefühle!

3. Achte auf deine Gefühle und informiere dich über gute Methoden, mit denen du deine Emotionen in den Griff bekommen kannst.

4. Warte nicht darauf, dass andere Menschen oder die äußeren Umstände sich ändern. Ändere dich selbst. Dann wirst du sofort effektiver und glücklicher!

Frag dich:

Bin ich schnell beleidigt oder wütend? Übernehme ich die Verantwortung für meine Entscheidungen? Denke ich nach, bevor ich handle? Konzentriere ich mich auf die Dinge, auf die ich Einfluss nehmen kann?

Was kann ich tun, wenn ich das nächste Mal in eine Situation gerate, die mich ärgert, stresst, traurig oder wütend macht?

Mach den nächsten Schritt

Mach dir eine Notiz auf einem Klebezettel, auf deinem Bildschirm oder Smartphone. Schreib einfach den Text unten ab. Trag die Personen oder Dinge in die Lücke im Text ein, die dich oft stressen.

Denk über die nächsten Tage nach. Gibt es eine Person oder eine Sache, die dich besonders stressen könnte? Wie kannst du dich pro-aktiv verhalten? Überleg dir: Was kann ich tun, um die Pausentaste zu drücken und mich nicht von meinen Gefühlen mitreißen zu lassen?

7 Tipps, um in stressigen Situationen pro-aktiv zu sein

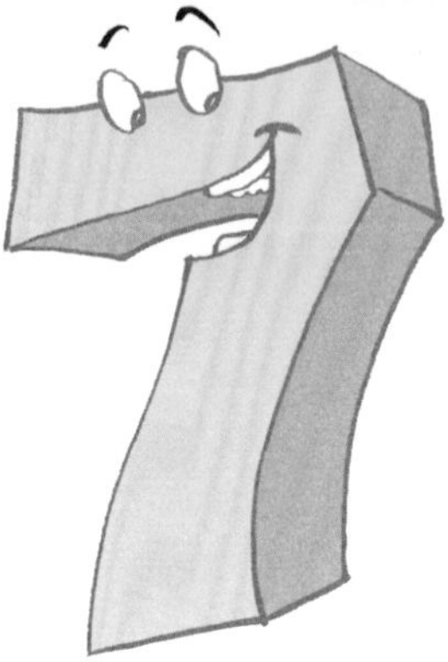

1. Mach dir klar, was dich stresst und aus der Fassung bringt. Das hilft dir, negative Gedanken frühzeitig zu stoppen.

2. Achte auf die Warnsignale deines Körpers. Wie fühlt es sich an, wenn du dich aufregst? Ballst du die Fäuste? Schlägt dein Herz schneller? Bekommst du Schnappatmung? Wird dir heiß? Wird deine Stimme schrill und laut? Oder beschimpfst und beleidigst du andere?

3. Wenn du in einem Gespräch merkst, dass du gleich explodierst, dann drück die Pausentaste. Hör auf zu sprechen. Stell dir eine wunderschöne, friedvolle Landschaft vor oder zähle rückwärts. Atme länger aus als ein. Entspanne deine Muskeln. Wiederhole im Geiste immer wieder die folgenden Worte: „Ich entscheide mich, nicht wütend zu sein. Ich habe meine Gefühle unter Kontrolle!“ Wenn möglich, bitte den anderen um eine kurze Gesprächspause.

4. Versuch, die Situation mit Humor zu nehmen. Verzichte aber auf Ironie und Sarkasmus.

5. Überleg dir, was passiert, wenn du die Kontrolle verlierst und wütend wirst. Ist es das wirklich wert? Denk an jemanden, der ein Vorbild für dich ist. Was würde er oder sie in dieser Situation machen? Schreib deine Gedanken dazu gleich auf:

6. Mach dir klar, warum es sich nicht lohnt, wütend zu werden. Nutze dafür einen der folgenden Sätze und wiederhole ihn mehrfach in Gedanken:

„Das ist eine wirklich wichtige Sache für mich. Daher ist es kein Wunder, dass ich wütend bin. Aber Wut bringt mich jetzt nicht weiter. Ich erreiche viel mehr, wenn ich ruhig bleibe."

„Ich kann nicht kontrollieren, was die anderen sagen oder tun. Aber ich kann mich selbst kontrollieren!"

„Wut ist keine Lösung für dieses Problem! Wie kann ich es wirklich lösen?"

7. Überleg dir, wie du dem oder der anderen sagen kannst, wie du dich fühlst. Mach ihm oder ihr keine Vorwürfe. Beschreibe ruhig und sachlich, was in dir vorgeht.

2. Achte auf deine Sprache

„Eine re-aktive Sprache ist ein ernstes Problem. Sie wird zu einer sich selbst erfüllenden Prophezeiung. Die Menschen fühlen sich immer mehr als Opfer. Sie denken, dass sie keine Kontrolle über ihr Leben und ihr Schicksal haben. Deshalb suchen sie die Schuld an ihrer Situation nicht bei sich selbst, sondern bei anderen Leuten, den äußeren Umständen oder sogar bei den Sternen."

STEPHEN R. COVEY

Deine Sprache macht den Unterschied!

Ob du pro-aktiv oder re-aktiv bist, kannst du sehr gut an deiner Sprache erkennen. Re-aktive Menschen sprechen wie Opfer. Pro-aktive Menschen signalisieren mit ihren Worten, dass sie selbst entscheiden, was sie denken, fühlen und tun. Die folgende Tabelle zeigt dir den Unterschied:

Re-aktive Sprache	Pro-aktive Sprache
Ich versuche es mal.	Ich werde es machen!
So bin ich einfach.	Ich kann mich ändern!
Du machst mich so wütend.	Ich habe die Kontrolle über meine Gefühle!
Du hast meinen Tag komplett ruiniert.	Ich lasse mir von dir sicher nicht den Tag vermiesen!
Ich muss …	Ich mache das, weil es mich meinen Zielen näher bringt!
Das kann ich nicht. Ich gebe auf.	Das ist eine echte Herausforderung. Aber ich werde es hinbekommen!
Die Sache läuft wirklich nicht gut für mich.	Ich finde einen Weg, damit die Dinge sich in die gewünschte Richtung entwickeln!
Das schaffe ich nicht. Es ist einfach zu schwer für mich.	Ich werde mich anstrengen, dann werde ich es auch schaffen!
Mann, bin ich doof!	Ups! Da ist was schiefgelaufen. Das kann ich besser!
Niemand mag mich!	Ich mag mich!
Ich bin nicht gut genug!	Ich bin total okay!

Frag dich:

Wie reagiere ich in stressigen Situationen? Oder wenn ich einen Fehler gemacht habe? Bin ich eher pro-aktiv oder re-aktiv?

Überleg dir drei Situationen, in denen deine Worte dich oft zum Opfer werden lassen. Beispielsweise: „Ich kann nichts dafür, dass mein Zimmer so chaotisch aussieht!"

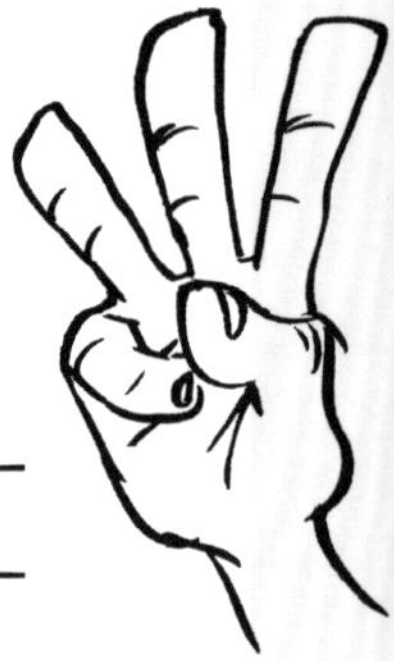

1.

2.

3.

Mach den nächsten Schritt

Was kannst du kontrollieren und was nicht? Sehen wir uns einfach mal verschiedene Dinge an:

BEREICH	KEINE KONTROLLE	KONTROLLE
Lebens-situation	Wie klein oder groß mein Zimmer ist.	Wie es in meinem Zimmer aussieht.
Freund-schaften	Was andere über mich denken.	Wie ich mit anderen umgehe.

Nun bist du an der Reihe. Bitte füll die folgende Tabelle aus:

BEREICH	KEINE KONTROLLE	KONTROLLE
Lebens-situation		
Eltern und Geschwister		
Freund-schaften		
Gesundheit		
Geld		
Talente		

3. Erhöhe deine Pro-Aktivität

„Du musst nicht perfekt sein. In Wahrheit sind weder du noch ich vollkommen pro-aktiv oder re-aktiv. Wahrscheinlich liegen wir irgendwo dazwischen. Mein Tipp: Mach es dir zur Gewohnheit, pro-aktiv zu sein. Dann bist du automatisch pro-aktiv – ohne groß darüber nachzudenken.“

SEAN COVEY

Pro-aktiv oder re-aktiv: Mach den Test!

Im vorhergehenden Kapitel hast du erfahren, dass man an deiner Sprache erkennen kann, ob du pro-aktiv oder re-aktiv bist. Deshalb: Sprich pro-aktiv! Lass uns gleich mal einen kleinen Test machen. Lies die folgenden Aussagen gut durch. Entscheide dann: Pro-aktiv oder re-aktiv? Mach ein Kreuz in die entsprechende Spalte.

Aussage	Re-aktiv	Pro-aktiv
1. Die Gruppenarbeit in der Schule hat nicht richtig funktioniert, weil wir uns zu wenig abgesprochen haben. Beim nächsten Mal sorge ich dafür, dass unsere Gruppe an einem Strang zieht.		
2. Dass mir der Tanzkurs keinen Spaß gemacht hat, liegt nur an meinem Tanzpartner / meiner Tanzpartnerin. Er / sie checkt es einfach nicht!		
3. Obwohl ich gerne ins Kino gehen würde, ist mir die Schule gerade wichtiger. Ich entscheide mich dafür, zu Hause zu bleiben, um zu lernen. Nach der Klassenarbeit kann ich mir den Film dann immer noch ansehen.		
4. Wenn ich doch nur andere Eltern hätte!		
5. Die anderen machen mich so wütend. Ich kann meine Gefühle einfach nicht kontrollieren.		

1, 3: PRO-aktiv

2, 4, 5: RE-aktiv

Übung: So wirst du pro-aktiv

Gibt es ein Problem? Läuft alles schief? Wenn du pro-aktiv bist, wirst du nicht wütend oder panisch. Du verkriechst dich auch nicht unter der Bettdecke. Im Gegenteil: Du bleibst cool und nimmst dir ausreichend Zeit, um eine gute Lösung zu finden.

Probier es gleich aus. Lies die folgenden re-aktiven Sätze durch. Schreib die Sätze dann so um, dass sie proaktiv sind. Gerne kannst du die Tabelle auch mit eigenen Beispielen ergänzen.

RE-AKTIV	PRO-AKTIV
Ich würde wirklich gerne Gitarre spielen, aber ich hab absolut kein Talent dafür.	
Wenn mein Lehrer doch nur kein so großer Idiot wäre!	
Wenn die Hausaufgeben doch nur nicht meine ganze Zeit auffressen würden!	
Das hab ich noch nie gemacht. Ich habe keine Ahnung, wie das gehen soll!	
Ich bin viel zu schüchtern, um neue Freunde zu finden.	
Meine kleine Schwester / mein kleiner Bruder geht mir tierisch auf die Nerven.	
Mein Zimmer sieht echt schlimm aus. Morgens finde ich keine sauberen Klamotten zum Anziehen. Das stresst mich echt.	

Frag dich:

Ob Schule, Eltern, Freunde, Hobbys oder was ganz anderes: Gibt es etwas in meinem Leben, das mir immer wieder Probleme macht? Wie würde ich diese Situation kurz beschreiben?

Mach den nächsten Schritt

Beschreib die Situation oben jetzt mit pro-aktiven Worten:

Lies beide Texte noch mal durch. Wo liegt der Unterschied? Wie fühlt sich die Situation an, wenn du sie mit pro-aktiven Worten beschreibst?

Der Trick mit den Satz-Startern

Hör heute mal genau auf deine Worte.
Zähl mit, wie oft du sagst:

- „Du machst mich so …"
- „Ich muss …"
- „Ich kann nicht …"

Sobald du merkst, dass deine Sprache re-aktiv ist, halte kurz inne. Ersetze die re-aktiven Formulierungen durch pro-aktive Aussagen. Nutze zum Beispiel die folgenden Satz-Starter:

- „Ich entscheide mich dazu …"
- „Ich will …"
- „Ich kann …"

Probier es einfach aus. Du wirst sehen: Wenn deine Sprache pro-aktiv ist, ändert sich auch deine Einstellung. Dann fühlst du dich nicht mehr als Opfer und hast viel mehr Spaß daran, die Dinge selbst in die Hand zu nehmen!

4. Finde heraus, was du kontrollieren kannst

„Du kannst nicht alles kontrollieren. Aber es gibt eine Sache, die du kontrollieren kannst: Du kannst kontrollieren, wie du auf das, was um dich herum passiert, antwortest. Und genau das zählt!"

SEAN COVEY

Was kannst du kontrollieren?

Manche Dinge kannst du kontrollieren – beispielsweise deine Worte, dein Verhalten und deine Taten. Andere Dinge kannst du nicht kontrollieren – zum Beispiel deine Familie, deine Klassenkameraden oder Fehler, die du in der Vergangenheit gemacht hast.

Dinge, die du kontrollieren kannst

- deine Einstellung
- dein Verhalten
- deine Antwort auf die Dinge, die um dich herum passieren
- ob du pessimistisch oder optimistisch bist
- deine Ziele
- deinen Einsatz, um deine Ziele zu erreichen
- wie viel Zeit du damit verbringst, dir düstere Gedanken zu machen
- wie du mit anderen umgehst
- ob du Verantwortung für dich übernimmst
- wie gut oder schlecht du dich auf Klassenarbeiten vorbereitest
- wie viel Aufmerksamkeit du den Menschen schenkst, die dir am Herzen liegen
- wie viel Geld du für unnötige Dinge ausgibst
- was du für deine Gesundheit und Fitness tust
- mit welchen Menschen und Aktivitäten du deine Freizeit verbringst
- welche Versprechen du hältst und welche nicht
- wie gut du dich

informierst, bevor du eine Entscheidung triffst • die Art, wie du mit dir selbst sprichst • ob du aus deinen Fehlern lernst • ob du mit Ausdauer an Dingen dranbleibst oder ob du vorschnell aufgibst • wie oft du an deine Vergangenheit denkst • wie du mit deinen Gefühlen umgehst

---

Dinge, die du nicht kontrollieren kannst

• wie groß du bist • das Wetter • was andere denken und fühlen • was andere sagen und tun • wann und wo du geboren wurdest • wer deine Eltern und Geschwister sind • Haarausfall • den Benzinpreis • manche gesundheitlichen Einschränkungen • dass deine Lieblingsserie eingestellt wird • das Verhalten deiner Katze • welche Lehrer du in der Schule bekommst • Kriege und Hungersnöte • dass das Leben nicht immer fair ist • wer Fußballweltmeister wird • Menschen, die unfair zu dir waren • deinen Stundenplan in der Schule • wer mit dir in eine Klasse geht • ob deine Eltern sich scheiden lassen oder glücklich miteinander sind

Keine Kontrolle? Das kannst du tun!

Hier sind einige Tipps, wie du mit Dingen umgehen kannst, die du nicht kontrollieren kannst:

- Gehe deinen Gefühlen und Ängsten auf den Grund.
- Akzeptiere, dass das Leben so manche Überraschung bereithält. Bleib flexibel und passe deine Pläne an neue Umstände an.
- Konzentriere dich nicht auf die Dinge, die du nicht kontrollieren kannst. Erstelle stattdessen eine Liste mit den Dingen, die du kontrollieren kannst. Konzentrier dich dann auf deinen Einflussbereich.
- Schreib aufmunternde Worte an dich selbst auf kleine Zettelchen. Verteile diese „Mutmacher“ an Plätzen, an denen du sie oft im Blick hast. Nutze die „Mutmach-Botschaften“ auch als Notiz auf dem Smartphone oder für den Startbildschirm am Laptop.
- Erstelle einen Plan, wie du am besten mit stressigen Situationen umgehen kannst.
- Sprich mit Menschen, die dir nahestehen, über den Unterschied zwischen Selbstmitleid, Gejammer, Dampf ablassen und Probleme lösen.

Frag dich:

Wie viel Zeit und Energie verschwende ich mit Dingen, die ich nicht kontrollieren kann? Welche Dinge sind das?

Mach den nächsten Schritt

Notiere drei Dinge, die du ohnehin nicht ändern kannst. Schreib in die Spalte daneben, was du tun wirst, um nicht länger Zeit und Energie mit diesen Dingen zu verschwenden:

Das kann ich nicht ändern	Das mache ich, um mich nicht mehr darüber aufzuregen

5. Vergrößere deinen Einflussbereich

„Manchmal gibt dir das Leben schlechte Karten. Es liegt an dir, wie du damit umgehst!"

SEAN COVEY

Einflussbereich oder Interessenbereich?

Die Dinge, die du kontrollieren kannst, liegen in deinem **EINFLUSSBEREICH. Hier stellst du die Weichen für deine Zukunft, deinen Erfolg und dein Glück.** Die Dinge, die du nicht beeinflussen kannst, liegen in deinem **INTERESSENBEREICH.** Wenn du dich mit den Dingen in deinem Interessenbereich beschäftigst, bringt dich das nicht weiter. Egal, wie oft und wie lange du dich mit diesen Dingen beschäftigst: In deinem Interessenbereich kannst du nichts erreichen.

Bitte hör auf, deine Zeit zu vergeuden!

Wenn du dich auf deinen Einflussbereich konzentrierst, werden dein Können, dein Wissen und deine Erfahrung zunehmen. Das Ergebnis? Dein Einflussbereich wird immer größer. Deshalb: Vergeude nicht länger Zeit damit, dich über Dinge aufzuregen, die in deinem Interessenbereich liegen!

Frag dich:

Wächst mein Einflussbereich oder wird er immer kleiner? Wie zeigt sich das?

Welche drei Dinge kann ich tun, um meinen Einflussbereich zu vergrößern?

Mach den nächsten Schritt

Denk an eine Herausforderung oder eine Chance, die dich gerade beschäftigt:

Chance / Herausforderung: ______________________

Welche Dinge liegen hier nicht in deinem Einflussbereich? Was kannst du **nicht kontrollieren**?

____

____

____

Welche Dinge liegen in deinem Einflussbereich? Was kannst du **kontrollieren**?

____

____

____

Was kannst du tun, um dich auf deinen Einflussbereich zu konzentrieren und die Herausforderung zu meistern oder die Chance zu ergreifen?

____

____

____

6. Nutze die Turbo-Werkzeuge für deine Pro-Aktivität!

„Es wird keine Rosen regnen. Wenn du mehr Rosen haben willst, musst du mehr Rosen pflanzen."

George Eliot

Steigere deine Pro-Aktivität!

Möchtest du pro-aktiv sein? Dann solltest du vor allem zwei Dinge tun:

1. Übernimm die **Verantwortung** für dich selbst.
2. Leg dir eine **„Ich-kann-Einstellung"** zu. Ergreif die Initiative. Such nach Lösungen für deine Probleme. Probier neue Wege aus, wenn du auf Hindernisse stößt.

Wenn du die Verantwortung für dich übernimmst, eine „Ich kann das!"-Einstellung, Kreativität und Durchhaltevermögen hast, kannst du wirklich erstaunliche Dinge erreichen.

RE-AKTIV	PRO-AKTIV
Du wartest ab und hoffst, dass sich die Dinge von selbst zum Besseren verändern.	Du gehst die Dinge aktiv an und bringst positive Veränderungen eigenhändig in Gang.
Du gibst schnell auf, wenn es mal nicht so läuft.	Du bleibst dran und lässt dich nicht so leicht entmutigen.
Du schiebst anderen die Schuld für deine Fehler in die Schuhe.	Du übernimmst die Verantwortung für deine Fehler und lernst daraus.
Du handelst einfach aus dem Bauch heraus und lässt dich von deinen Gefühlen leiten.	Du lässt dich nicht von deinen Emotionen leiten. Bevor du handelst, denkst du gründlich nach.
Du konzentrierst dich auf deinen Interessenbereich und versuchst Dinge zu ändern, über die du keine Kontrolle hast.	Du konzentrierst dich auf deinen Einflussbereich und kümmerst dich nicht weiter um die Dinge, die du nicht ändern kannst.
Du richtest dein Handeln an den äußeren Umständen aus.	Du richtest dein Handeln an deinen Zielen aus.
Du brüllst einfach drauflos und sagst Dinge, die dir später leidtun.	Du drückst auf die Pausentaste und überlegst dir gut, was du sagst.

Frag dich:

Wie und in welchen Situationen kann ich meine Pro-Aktivität in den nächsten Tagen steigern? Schreib drei konkrete Beispiele auf – beispielsweise dein Zimmer aufräumen, bevor deine Mutter dich damit nervt.

1. ______________________________

2. ______________________________

3. ______________________________

Mach den nächsten Schritt

Sobald du merkst, dass du re-aktiv wirst, nutze deine vier Turbo-Werkzeuge. Lies dazu gerne noch einmal die Geschichte von Rosa und ihrem Hund Wuff in meinem Buch **„Die 7 Wege zur Effektivität für Jugendliche“** nach. Die Geschichte findest du auf den Seiten 76 und 77.

1. **Selbstwahrnehmung:** Ich kann gedanklich aus mir heraustreten und meine Gedanken und mein Handeln aus der Distanz heraus betrachten.
2. **Gewissen:** Meine innere Stimme hilft mir, das zu tun, was gut und richtig für mich ist.

3. **Vorstellungskraft:** Ich kann verschiedene Handlungsmöglichkeiten vor meinem inneren Auge durchspielen und mir die Konsequenzen meines Tuns klar vorstellen.

4. **Freier Wille:** Ich habe die Freiheit, mein Verhalten bewusst zu steuern. Ich kann selbst entscheiden, wie ich handeln will.

Mach es dir zur Gewohnheit, die Turbo-Werkzeuge bewusst zu nutzen. Achte genau darauf, wie dir die Werkzeuge helfen, pro-aktiv zu sein. Du wirst sehen: Je öfter du die Werkzeuge einsetzt, desto besser klappt es mit deiner Pro-Aktivität!

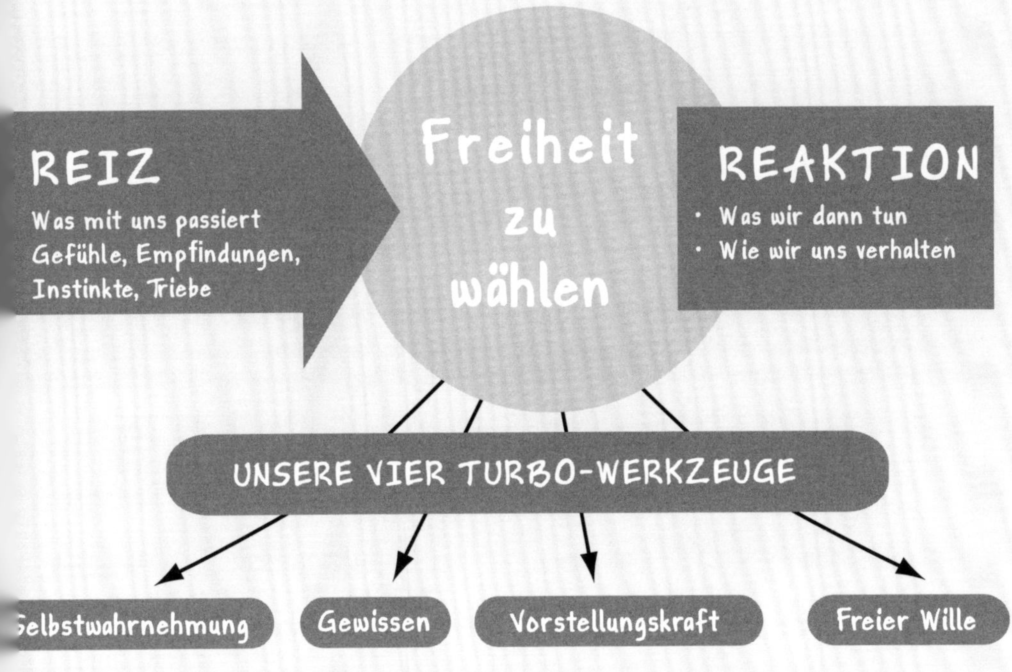

7. Werde zum „Veränderer"

„Du kannst zum ‚Veränderer' werden und die schlechten Gewohnheiten in deiner Familie durchbrechen!"

SEAN COVEY

Durchbrich den Kreislauf der schlechten Gewohnheiten!

Ob Lieblosigkeit, Unhöflichkeit, Rumbrüllen, Humorlosigkeit oder Alkohol, Drogen und Gewalt: Das Erschreckende ist, dass schlechte Gewohnheiten häufig von den Eltern an die Kinder weitergegeben werden. Die gute Nachricht? Du kannst diesen Kreislauf durchbrechen! Du kannst ein „Veränderer“ werden und die schlechten Gewohnheiten hinter dir lassen!

Lass deine pro-aktiven Muskeln spielen

Auch wenn es in deiner Familie Alkohol- oder Drogensüchtige gibt oder noch nie jemand studiert hat, ist das noch lange kein Grund aufzugeben: Lass deine pro-aktiven Muskeln spielen und werde ein „Veränderer“. Als „Veränderer“ kannst du die schlechten Gewohnheiten, die du vielleicht von deinen Eltern übernommen hast, durch neue, gute Gewohnheiten ersetzen. Also legen wir los! Sehen wir uns gemeinsam an, wie du ein „Veränderer“ werden kannst. Lass uns herausfinden:

1. Wie schlechte Gewohnheiten dich beeinflussen.
2. Was passieren wird, wenn du diese negativen Verhaltensweisen über Bord wirfst.

Frag dich:

Bin ich ein „Opfer“ meiner Erziehung? Welche schlechten Gewohnheiten gibt es in meiner Familie? (Denk dabei bitte auch an scheinbare „Kleinigkeiten“ wie: wenig Zeit miteinander verbringen, keine gemeinsamen Mahlzeiten, keine Unterstützung bei den Hausaufgaben oder kein offenes Ohr für deine Sorgen.)

Ob eine Erzieherin im Kindergarten, ein Lehrer, eine Nachbarin oder ein Sporttrainer: Wer war ein „Veränderer“ für mich? Welchen Einfluss hatte diese Person auf mein Leben?

Was kann ich konkret tun, um auch ein „Veränderer“ zu werden?

Mach den nächsten Schritt

Denk an eine Person, die du wirklich toll findest. Welche Eigenschaften hat diese Person, die du auch gerne hättest? Frag diese Person, was sie getan hat, um die Eigenschaften zu erlangen, die du an ihr bewunderst.

Ob Unpünktlichkeit, Türenknallen oder Alkohol und Zigaretten: Denk an die negativen Gewohnheiten, die deine Familie dir „vererbt" hat. Was würde passieren, wenn du diese Gewohnheiten ablegen könntest?

Was kannst du konkret tun, um dich von negativen Gewohnheiten zu befreien? Übertreib es nicht. Such dir zunächst zwei oder drei Gewohnheiten aus, die du unbedingt loswerden willst.

Schlechte Gewohnheit	Was ich dagegen tun werde

2. Weg: Schon am Anfang das Ende im Sinn haben

Bestimme deinen Kurs selbst – sonst macht es ein anderer für dich!

1. Denk an das Ergebnis!

„Schon am Anfang das Ende im Sinn haben: Beim 2. Weg geht es darum, dass du ein klares Bild davon bekommst, was du aus deinem Leben machen willst!"

SEAN COVEY

Leben oder gelebt werden? Der 2. Weg macht den Unterschied!

Schon am Anfang das Ende im Sinn haben: Beim 2. Weg geht es darum, dass du herausfindest, wo du in deinem Leben hinwillst. Was zählt, ist, dass du dir **klare Ziele** setzt. Natürlich heißt das nicht, dass du jedes Detail deiner Zukunft haarklein festlegen muss. Wichtig ist, dass du über den heutigen Tag hinausdenkst und überlegst, welche Richtung du in deinem Leben einschlagen willst.

Alle Dinge werden zweimal geschaffen

Schon am Anfang das Ende im Sinn haben: Was heißt das genau? Vielleicht ist es dir nicht bewusst, aber du machst es andauernd:

- Du zeichnest einen Plan, bevor du ein Baumhaus baust.
- Du liest ein Rezept, bevor du einen Kuchen backst.
- Du machst dir ein Konzept, bevor du einen Aufsatz schreibst.

Das gehört zum Leben dazu. Man könnte auch sagen, der 2. Weg ist der Unterschied zwischen leben und gelebt werden. Und der 2. Weg ist maßgeblich für deine Zukunft. **Die Entscheidungen, die du heute triffst, können dein Leben für immer beeinflussen.** Deshalb möchte ich dir dringend ans Herz legen, dich intensiv mit dem 2. Weg zu beschäftigen.

Frag dich:

Welche Ergebnisse kann ich erzielen, wenn ich mit einem klaren Ende im Sinn beginne? Und was passiert, wenn ich einfach planlos loslege?

Ob Schule, Studium, Beruf, Familie, Freunde oder Freizeit: Wie soll meine Zukunft aussehen? Welche Werte sind mir wichtig? Wo würde ich am liebsten leben? Welchen Beruf will ich später einmal haben? Möchte ich Kinder und eine eigene Familie?

Mach den nächsten Schritt

Mal ein Bild von deinem zukünftigen Leben. Wenn du magst, kannst du auch eine Collage mit Bildern aus Zeitschriften erstellen:

2. Feiere deinen 80. Geburtstag

„Die Suche nach dem Sinn unseres Lebens ist eine Reise, auf der wir uns ständig weiterentwickeln und wachsen."

Stephen R. Covey

Dein Leben hat einen Sinn!

Dein Leben ist zu etwas gut. Es hat einen Sinn. Dieser Sinn besteht nicht allein darin, Karriere zu machen, „erfolgreich zu sein" und möglichst viel Geld zu verdienen:

- Wer nur auf seinen Erfolg und seine Karriere schaut, fragt: „Was gibt es für mich zu **gewinnen**?"
- Wer nach seiner wahren Berufung im Leben sucht, fragt: „Was kann ich **geben**? Wie kann ich in meinem Leben und im Leben meiner Mitmenschen etwas bewirken?"

Genau das wollen wir nun gemeinsam herausfinden. Der 2. Weg hilft dir, deinem Leben einen Sinn und Zweck zu geben. Schritt für Schritt entwickelst du eine klare Vorstellung davon, was deine Lebensaufgabe ist und welches Vermächtnis du später einmal hinterlassen willst.

Frag dich:

Welches Erbe, welches Vermächtnis oder Lebenswerk will ich hinterlassen?

Denk über deine Lebensziele nach. Überleg dir, wo du in 5, 10 und 20 Jahren sein willst. Schreib jeweils drei Ziele auf:

Meine Lebensziele in 5 Jahren:

1.
2.
3.

Meine Lebensziele in 10 Jahren:

1.
2.
3.

Meine Lebensziele in 20 Jahren:

1.
2.
3.

Mach den nächsten Schritt

Stell dir vor, dass du deinen 80. Geburtstag feierst. Verschiedene Gäste halten eine Rede über dich. Schreib auf, was die Rednerinnen und Redner über dich sagen. Wie hättest du ihr Leben gerne bereichert?

Deine Familie sagt über dich:

____

____

____

Deine Freunde sagen über dich:

____

____

____

Deine Klassenkameraden und Arbeitskollegen sagen über dich:

____

____

____

Welche eine Sache kannst du in den nächsten drei Tagen tun, damit du deine Lebensziele tatsächlich erreichst?

____

____

____

3. Entwickle dein persönliches Leitbild

„Ein persönliches Leitbild ist wie ein Baum mit tiefen Wurzeln. Er ist stark und steht fest an seinem Platz. Gleichzeitig ist er sehr lebendig und wächst beständig."

SEAN COVEY

So hast du schon am Anfang das Ende im Sinn

Ich hoffe, dir ist klar geworden, wie wichtig es ist, schon am Anfang das Ende im Sinn zu haben. Aber wie geht das ganz praktisch? Erstelle dein persönliches Leitbild.

Dein persönliches Leitbild …

… ist der Kompass, der dir den Weg zu einem sinnerfüllten, glücklichen Leben weist.

… veranschaulicht, wer du sein und was du tun willst.

… verdeutlicht, was der wahre Sinn deines Lebens ist.

… beschreibt die Prinzipien und Werte, nach denen du leben willst.

… hilft dir, auch in schwierigen Zeiten auf dem richtigen Kurs zu bleiben.

… erinnert dich immer daran, was dir wirklich wichtig ist.

… zeigt dir, was du jeden Tag tun kannst, um deine Ziele zu erreichen.

Um dein persönliches Leitbild zu erstellen, musst du deine Stärken und Vorlieben kennen. Ideal ist es, wenn du dazu die „Große Entdeckungsreise" aus meinem Buch **„Die 7 Wege zur Effektivität für Jugendliche"** machst. Die „Entdeckungsreise" findest du auf den Seiten 91 bis 95. Hast du das Buch gerade nicht zur Hand? Dann kommen hier gleich die wichtigsten Fragen aus der „Entdeckungsreise" für dich.

Frag dich:

Was kann ich besonders gut?

Für wen oder was würde ich einen 15 Zentimeter breiten Stahlbalken, der zwischen zwei Wolkenkratzern gespannt ist, überwinden? Für sehr viel Geld? Für meine Familie? Für Erfolg?

Was mache ich in 20 Jahren? Wer sind dann die wichtigsten Menschen in meinem Leben?

Mach den nächsten Schritt

Überleg dir: Welche Person hat oder hatte einen besonders guten Einfluss auf mich? Wie hat diese Person mein Leben bereichert? Welche Eigenschaften und Qualitäten hat diese Person, die ich auch gerne hätte?

Übung: In 30 Minuten zum Leitbild

Mit der folgenden Methode kannst du in 30 Minuten einen ersten Entwurf für dein Leitbild erstellen:

1. Vervollständige den folgenden Satz: **„Der Sinn meines Lebens ist …“**. Schreib dir dann 10 Minuten lang alles von der Seele, was dir dazu einfällt. Verbessere nichts und streiche nichts. Wenn es stockt, dann setz den Stift nicht ab. Schreib einfach immer weiter. Leg den Stift erst weg, wenn die 10 Minuten um sind.

2. Nimm dir anschließend 20 Minuten Zeit, um das Geschriebene zu sichten, zu ordnen und gegebenenfalls umzuformulieren. Lies dazu die Antworten auf die Fragen, die du eben beantwortet hast, noch einmal durch. So bekommst du viele wichtige Anregungen für deinen Leitbild-Entwurf.

Los geht's. Such dir gleich ein ruhiges Plätzen und beginne mit dem Entwurf für dein Leitbild!

Entwurf für mein Leitbild:

Der Sinn meines Lebens ist ...

Lies den Entwurf für dein Leitbild in den nächsten Tagen immer wieder durch. Verändere und ergänze ihn so lange, bis du zufrieden mit deinem Leitbild bist.

4. Stell dein Leitbild auf den Prüfstand

„Das ist das Geheimnis deines Leitbilds:
Es bringt dich zurück auf Kurs.
Immer wieder. Und wieder. Und wieder ...“

STEPHEN R. COVEY

Was hast du mit einem Flugzeug gemeinsam?

Ganz einfach: **Ihr seid beide 90 Prozent der Zeit nicht auf dem richtigen Kurs.** Wie das kommt? Bevor die Maschine abhebt, hat der Pilot eine klare Vorstellung vom Ziel und der Flugroute. Das Flugzeug startet und nimmt Kurs auf sein Ziel. Doch Wind, Regen, Turbulenzen, andere Flugzeuge und andere Dinge bringen die Maschine immer wieder von ihrem Kurs ab. Die Folge? Das Flugzeug ist mindestens 90 Prozent der Zeit nicht auf Kurs! Schlimm? Nein! Der Pilot prüft ständig, ob die Flugroute noch passt. Er checkt die Instrumente, spricht mit dem Tower und holt sich das Feedback des Fluglotsen. So kann er permanent Kurskorrekturen vornehmen. Am Ende erreicht das Flugzeug dann wie geplant den richtigen Bestimmungsort – und das, obwohl es 90 Prozent der Zeit nicht auf Kurs war.

Genau wie ein Flugzeug hast auch du einen **Bestimmungsort.** Du hast einen wichtigen, bedeutsamen Ort, zu dem es dich zieht. Diesen Ort beschreibst du in deinem Leitbild. Obwohl du vermutlich 90 Prozent der Zeit nicht auf Kurs sein wirst, gibt dir dein Leitbild Orientierung, Halt und Hoffnung. Es hilft dir, immer wieder auf deinen Kurs zurückzukehren.

Check dein Leitbild regelmäßig

Damit du sicher auf Kurs bleibst, solltest du dein Leitbild regelmäßig checken. Lass uns gleich damit beginnen!

Frag dich:

Bringt mein Leitbild meine **Werte und Prinzipien** zum Ausdruck? Was kann ich hier noch verbessern und ergänzen?

Spiegelt mein Leitbild das wider, was mir **wirklich wichtig im Leben** ist? Was möchte ich hier noch ändern oder ergänzen?

Enthält mein Leitbild **sinnvolle Ziele** und nicht nur oberflächliche, egozentrische Wünsche? Welche Ziele möchte ich unbedingt in meinem Leitbild festhalten?

Bringt mein Leitbild **das Beste in mir** zum Vorschein? Gibt es bei diesem Punkt an meinem Leitbild noch etwas zu verbessern?

Erklärt mein Leitbild, welchen höheren **Sinn** und **Zweck** mein Leben hat? Was kann ich hier ergänzen, ändern oder klarer ausdrücken?

Mach den nächsten Schritt

Überarbeite dein Leitbild und schreib die neue Fassung gleich hier auf:

Mein Leitbild:

5. Bring dein Leben ins Gleichgewicht

„Selbstfürsorge bedeutet, das Gleichgewicht in ein Leben zurückzubringen, das durch zu viele Verpflichtungen und Verantwortlichkeiten aus den Fugen geraten ist!"

ROBYN L. GOBIN

Welche Lebensrollen hast du?

Ob Tochter oder Sohn, Schwester oder Bruder, Schülerin oder Schüler, Freund oder Freundin, Mitglied im Sportverein, Katzenhalterin oder Hundehalter: Im Leben füllst du viele verschiedene Rollen aus. Manchmal ist es gar nicht so einfach, allen diesen Rollen gerecht zu werden. Nehmen wir an, du kümmerst dich um deine Freundin, weil sie gerade Liebeskummer hat. Dann kann es sein, dass du deine Familie vernachlässigst oder die Schule ins Hintertreffen gerät. Was tun? Bring deine wichtigsten Lebensrollen ins Gleichgewicht und überdenke deine Beziehungen!

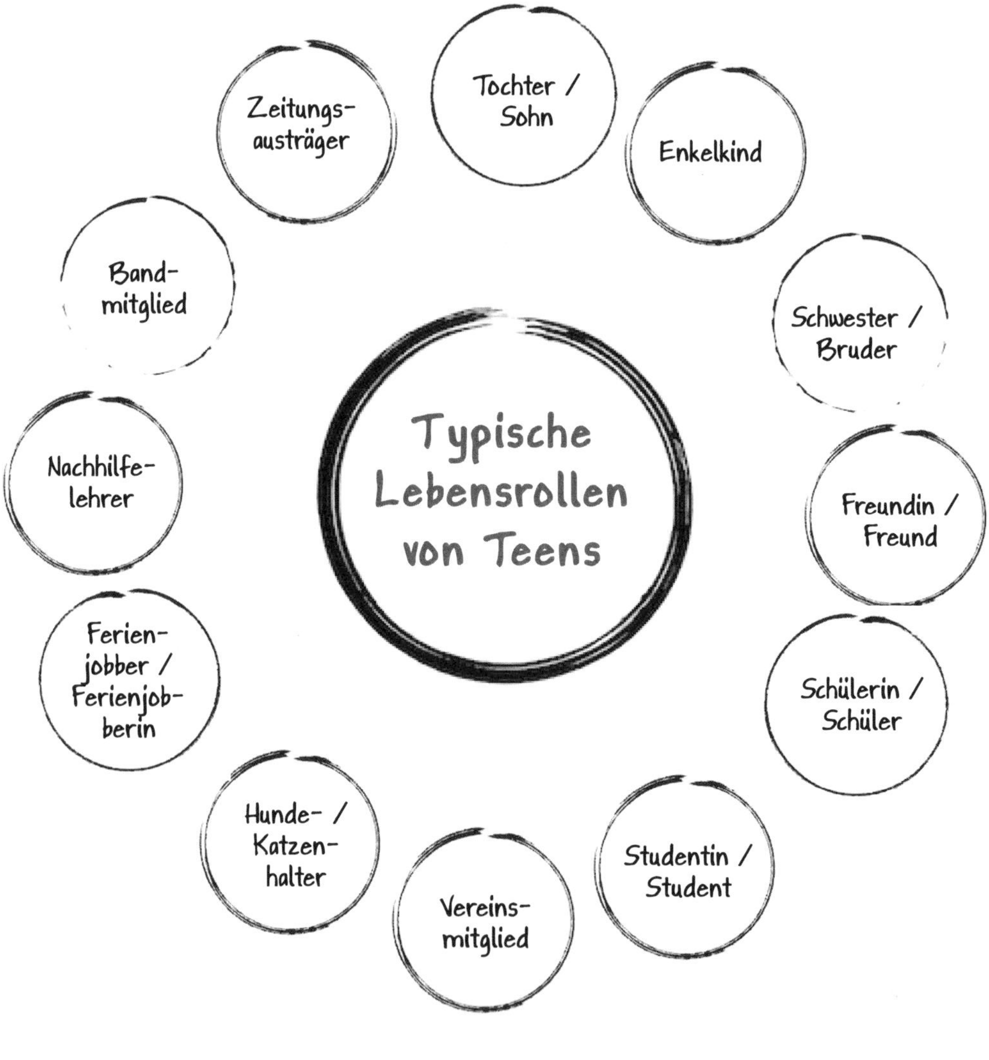

Frag dich:

Was sind meine Lebensrollen?

Welche meiner Lebensrollen beanspruchen extrem viel Zeit?

Gibt es wichtige Lebensrollen, die ich vernachlässige, weil ich einfach keine Zeit dafür habe?

Mach den nächsten Schritt

Überleg dir, welche Rollen in deinem Leben wirklich wichtig sind. Trag die Rollen unten in die Grafik ein. Beschränke dich auf maximal 7 Rollen. Übrigens: Manche dieser Rollen sind wichtig, auch wenn du sie vielleicht nicht magst. Ein Beispiel ist deine Rolle als Schülerin oder Schüler. Auch wenn du nicht glücklich darüber bist: Diese Rolle gehört in die Grafik unten!

Was kannst du konkret tun, damit diese 7 Rollen in Zukunft nicht zu kurz kommen? Praktische Tipps dazu bekommst du gleich im Kapitel über den 3. Weg zur Effektivität.

3. Weg: Das Wichtigste zuerst tun

Konzentriere dich auf das, was wirklich wichtig für dich ist

1. Erstell deine persönliche Zeit-Bilanz

„Beim 3. Weg geht es darum, dass du lernst, Prioritäten zu setzen und deine Zeit so zu managen, dass das Wichtigste an erster Stelle steht!“

SEAN COVEY

Hast du immer viel zu viel zu tun?

Nach der Schule musst du Hausaufgaben machen. Morgen schreibt ihr eine Bio-Arbeit. Und da ist noch deine Freundin, mit der du unbedingt mal wieder was unternehmen willst. Außerdem möchtest du auf jeden Fall noch Sport machen. Der Hund muss auch noch raus. Und dein Zimmer sollte dringend aufgeräumt werden. Wie kriegst du das alles auf die Reihe? Mit dem 3. Weg. Der 3. Weg hilft dir, Prioritäten zu setzen und deine Zeit so einzuteilen, dass du die wichtigen Dinge zuerst erledigst.

Für mich ist der 3. Weg der Weg der **Willensstärke**. Genau genommen ist deine Willensstärke hier sogar gleich doppelt gefragt. Es geht darum:

1. **Ja** zu den wirklich **wichtigen Dingen** zu sagen.

2. **Nein** zu den **unwichtigen Dingen** zu sagen.

Frag dich:

Plane ich meinen Tag oder lasse ich mich einfach treiben und mache das, was am dringendsten erledigt werden muss?

Setze ich das, was wichtig ist, wirklich an die erste Stelle? Nein?! Warum nicht?

Mach den nächsten Schritt

Erstell deine persönliche Zeit-Bilanz. Schreib einen Tag lang genau auf, was du gemacht hast. Beginne gleich am Morgen nach dem Aufstehen und schließe deine Zeit-Bilanz vor dem Schlafengehen ab. Bilde 30-Minuten-Blöcke. Notiere beispielsweise: „6.30 Uhr bis 7.00 Uhr: Aufstehen und duschen." Nutze dazu das Formular auf der folgenden Seite.

Übung: Meine persönliche Zeit-Bilanz

Uhrzeit	Was ich gemacht habe

Geh deine Zeit-Bilanz durch und markiere die Dinge, die wirklich wichtig für dich sind, farbig. So siehst du, wie viel Zeit du im Laufe eines Tages tatsächlich mit deinen Prioritäten verbringst.

2. Nutze deine Zeit gut!

„Ziele und Vorsätze zu haben, ist schön und gut. Aber die große Kunst ist es, das alles tatsächlich wahr werden zu lassen."

SEAN COVEY

Die 4 Zeit-Quadranten

	DRINGEND	NICHT DRINGEND
WICHTIG	**Q 1 Notwendigkeit** • Auf wichtige unvorherseh-bare Ereignisse reagieren • Wichtige nicht geplante Auf-gaben erledigen • Dringende Probleme lösen • Last-Minute-Deadlines ein-halten	**Q 2 Effektivität** • Pro-aktive Tätigkeiten ausführen • Zeitpläne und Prioritätenlisten erstellen • An wichtigen Zielen arbeiten • Freundschaften und Bezie-hungen pflegen • Lernen und Hausaufgaben ma-chen • Zeit mit Sport und Erholung verbringen
NICHT WICHTIG	**Q 3 Ablenkungen** • Sich mit unnötigen Dingen ablenken – beispielsweise Textnachrichten checken oder einige Minuten im Netz surfen • Sich um nebensächliche Pro-bleme anderer Leute küm-mern • Anderen Aufgaben abneh-men, die sie ganz einfach selbst erledigen können • Unwichtige Nachrichten ver-schicken, belanglose Status-Updates erstellen	**Q 4 Zeitverschwendung** • Einfache unwichtige Dinge erle-digen, weil du keine Lust hast, dich mit anspruchsvollen wich-tigen Dingen zu befassen • Den ganzen Tag im Bett bleiben • Endlos trödeln und faulenzen • Stundenlang mit Freunden über belanglose Dinge quatschen • Über andere tratschen und lästern • Ohne Ende streamen, chatten, gamen …

GUT ZU WISSEN!

In Q 2 sind die wirklich wichtigen Dinge. Diese Dinge sind der Schlüssel für eine erfolgreiche, glückliche Zukunft. Sie bringen dich deinem Leitbild und deinen Zielen näher. Das Problem dabei? Die Dinge in Q 2 sind wichtig, aber nicht dringend. Deshalb schieben wir sie gerne auf die lange Bank und geben unwichtigeren, aber dringenderen Dingen den Vorrang. Hier solltest du bewusst gegensteuern. Verbring so viel Zeit wie nur möglich in Q 2!

Frag dich:

In welchem Quadranten verbringe ich die meiste Zeit? Welche Konsequenzen hat das für mich und meine Zukunft?

Welche unvorhersehbaren Ereignisse, ungeplanten Aufgaben, dringenden Probleme und Last-Minute-Deadlines aus Q 1 könnte ich ziemlich leicht vermeiden, wenn ich meine Zeit und meine Prioritäten besser planen würde?

Wie viel Zeit vergeude ich jeden Tag in Quadrant 3 und 4? Und: Welche Dinge kosten mich hier besonders viel Zeit?

Mach den nächsten Schritt

Finde heraus, wie viel Zeit du täglich im Schnitt in den 4 Quadranten verbringst. Analysiere dazu drei typische Wochentage. Schätze am Morgen, wie viele Stunden du jeweils für Q 1, Q 2, Q 3 und Q 4 aufwenden wirst. Trag diese Zahl bei allen 4 Quadranten unten in die Tabelle. Nutze dazu die Spalte S. S steht für „Schätzung“. Schreib am Abend auf, wie viel Zeit du tatsächlich in den verschiedenen Quadranten verbracht hast. Trag die jeweilige Stundenzahl bei jedem der 4 Quadranten in die Spalte TZ ein. TZ bedeutet „tatsächlicher Zeitaufwand“.

TAG	Q 1		Q 2		Q 3		Q 4	
	S	TZ	S	TZ	S	TZ	S	TZ

Sag deinen größten „Zeitverschwendern“ den Kampf an. Notiere die drei Dinge, die dir am meisten Zeit stehlen. Schreib zu jedem Zeitverschwender dazu, was genau du tun kannst, um ihn in die Schranken zu weisen:

Zeitverschwender	Was ich dagegen tun kann

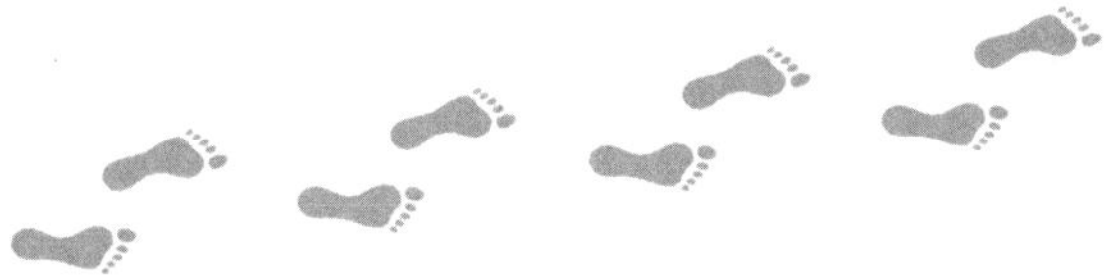

3. Welcher Zeit-Typ bist du?

„Willst du deine Ziele erreichen und das Beste aus deinem Leben machen? Dann konzentrier dich auf Quadrant 2!"

Sean Covey

Welcher Zeit-Quadrant ist dein Favorit?

	DRINGEND	NICHT DRINGEND
WICHTIG	 **1. Der Dringlichkeits-Junkie** • Ich erledige alles immer auf den letzten Drücker. • Ich sollte endlich mal mit dem Lernen anfangen – morgen schreiben wir eine Arbeit in Bio. • Ich bin extrem gestresst, weil ich total vergessen habe, dass wir den Aufsatz in zwei Tagen abgeben müssen.	 **2. Der Prioritäten-Setzer** • Ich habe klare Ziele, die ich konsequent an die erste Stelle in meinem Lebe setze. • Ich habe genügend Zeit für meine Freunde. • Ich schreibe schon jetzt den Aufsatz, der erst in einer Woche fällig ist. • Ich plane meine Zeit und lebe so viel entspannter.
NICHT WICHTIG	 **3. Der Ja-Sager** • Ich lasse mich leicht ablenken und werfe meine Pläne dann ganz schnell über den Haufen. • Ich kümmere mich um die Sorgen und Nöte anderer. • Ich tue anderen gerne einen Gefallen und nehme ihnen Aufgaben ab.	 **4. Der Trödler** • Ich bin ständig mit Instagram, WhatsApp und Co. beschäftigt. • Ich daddele nonstop auf der Xbox. • Ich quatsche stundenlang mit anderen. • Ich trödle den ganzen Tag nur rum.

Bist du ein Dringlichkeits-Junkie?

Wenn du dir die Grafik zu den Zeit-Quadranten näher ansiehst, erkennst du, dass sich in jedem der 4 Zeit-Quadranten ganz bestimmte Zeit-Typen tummeln. Ob **Dringlichkeits-Junkie**, **Prioritäten-Setzer**, **Ja-Sager** oder **Trödler**: Die meisten von uns haben von jedem der 4 Zeit-Typen ein bisschen in sich. Eine gewisse Tendenz zu einem bestimmten Zeit-Typen ist jedoch meist zu erkennen. Übrigens: Heute, wo jeder alles ganz schnell und sofort will, sind viele von uns Dringlichkeits-Junkies.

Prioritäten-Setzer haben mehr vom Leben!

Effektive Menschen sind Prioritäten-Setzer. Sie verbringen sehr viel Zeit mit den **wichtigen, nicht dringenden Dingen** in Quadrant 2. Prioritäten-Setzer sind nicht perfekt. Aber sie sehen sich rechtzeitig an, welche Aufgaben auf sie zukommen. Dann setzten sie klare Prioritäten und sorgen dafür, dass die wichtigsten Dinge zuerst erledigt werden. Beispielsweise schieben sie die Hausaufgaben nicht auf die lange Bank und fangen rechtzeitig mit der Arbeit für Aufsätze und Referate an. Das bringt ihnen richtig gute Noten – und das ziemlich entspannt und stressfrei. Und wie sieht es bei dir aus?

Frag dich:

Bin ich ein Dringlichkeits-Junkie? Bin ich ein Ja-Sager, der es nicht schafft, überflüssige Dinge, unnötige Aufgaben oder die belanglosen Anliegen anderer Menschen mit einem „Nein!“ im Zaum zu halten? Oder bin ich ein Trödler, der einfach in den Tag hineinlebt und unglaublich viel Zeit verplempert?

Für welche wichtigen, aber nicht dringenden Aufgaben aus Q 2 sollte ich mir in Zukunft unbedingt mehr Zeit nehmen?

Mach den nächsten Schritt

Wähl eine Q 2-Aufgabe aus, die besonders großen Einfluss auf dein Leben und deine Zukunft hat. Reserviere in den nächsten Tagen und Wochen ausreichend Zeit, um diese wichtige Aufgabe zu erledigen. Setze dir einen realistischen Termin, bis wann du diese Aufgabe ganz sicher abgeschlossen hast.

Mein Versprechen an mich:

Ich mache ____________________

____

____

____

und bin damit bis ____________________

komplett fertig!

4. Mach mehr aus deinem Leben

„Mach das Wichtigste zuerst. Gib deinen ‚großen Steinen' bei der Zeitplanung klar den Vorrang!"

SEAN COVEY

Das Experiment mit den „großen Steinen"

Falls du mein Buch **„Die 7 Wege zur Effektivität für Jugendliche"** gelesen hast, kennst du das Experiment mit den „großen Steinen". Hier fasse ich es noch mal kurz zusammen:

Stell dir vor, du hast einen zur Hälfte mit Kies gefüllten Eimer. Jetzt versuchst du, noch einige große Steine in den Eimer zu bekommen. Aber die großen Steine sind sperrig. Zwischen ihnen bleibt viel Luft. Deshalb reicht der Platz im Eimer nicht für alle großen Steine. Da gibt's nur eins: Du musst den Eimer ausleeren und noch mal von vorn beginnen. Dieses Mal legst du zuerst alle großen Steine in den Eimer. Anschließend kommt der Kies. Jetzt passt alles ganz wunderbar in den Eimer. Denn der Kies rieselt in die Lücken zwischen den großen Steinen! So ist es auch mit der Zeitplanung. Wenn du deine „großen Steine", deine wichtigsten Aufgaben, zuerst in deinen Terminplan einträgst, bleibt für die kleineren Dinge noch genügend Zeit übrig.

Das Experiment mit den großen Steinen zeigt: Je besser du planst, desto mehr Zeit bleibt dir für Familie und Freunde, für die Schule, für dich selbst und die Dinge, die dir am Herzen liegen!

Frag dich:

Was hindert mich daran, mir Zeit für meine „großen Steine“ zu nehmen?

Wie fühle ich mich, wenn ich die Dinge schleifen lasse und mich nicht auf meine wichtigsten Aufgaben und meine wahren Prioritäten konzentriere?

Mach den nächsten Schritt

Erstelle gleich hier eine Liste mit den „großen Steinen", für die du dir in Zukunft mehr Zeit nehmen willst. Übertreib es nicht. Bleib realistisch. Halte dich an das Motto: Weniger ist mehr! Schreib höchstens 7 „große Steine" auf:

1. ______________________________

2. ______________________________

3. ______________________________

4. ______________________________

5. ______________________________

6. ______________________________

7. ______________________________

5. Plane deine Woche

„Was trägt mehr als alles andere dazu bei, dein Leben in Balance zu bringen und deine Effektivität zu steigern? Plane deine Woche – und zwar vor dem Wochenstart!"

Stephen R. Covey

7 Tipps für eine effektive Woche

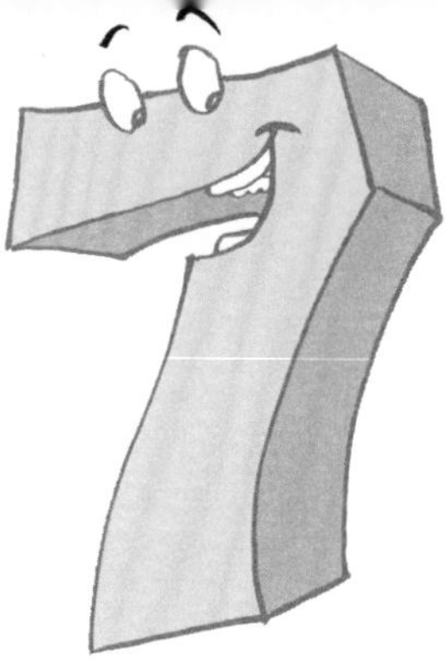

Effektive Menschen arbeiten mit einem **Wochenplan**. Sie nehmen sich am Freitag oder am Wochenende etwa **30 Minuten Zeit,** um einen Plan für die kommende Woche zu erstellen. Das solltest du auch tun. Berücksichtige bei deiner Wochenplanung die folgenden 7 Tipps:

1. Lass die vergangene Woche Revue passieren: Was kannst du im Hinblick auf deine Wochenplanung noch verbessern? Setze deine **Verbesserungsideen** gleich in der kommenden Woche um.

2. Überleg dir, welche Aufgaben in der nächsten Woche anstehen. Trag zunächst alle **„großen Steine"** in deinen Wochenplan ein. Wenn du alle „großen Steine" in deinem Zeitplan untergebracht hast, kannst du die restliche Zeit für die **„kleinen Kieselsteine"** verwenden.

3. Leg fest, wann du Zeit mit **Social Media** verbringen willst. Setze dir ein enges Limit. Achte darauf, dass Social Media nicht zum nimmersatten „Zeitfresser" wird.

4. Überleg dir, wo in der kommenden Woche Hindernisse, Probleme und Extra-Aufgaben auf dich warten könnten. Bereite dich darauf vor und plane **Pufferzeiten** dafür ein.

5. Denk auch an die vielen **Kleinigkeiten**, die im Laufe der Woche erledigt werden müssen – beispielsweise neue Schulsachen oder ein Geburtstagsgeschenk besorgen.

6. Reserviere ausreichend Zeit für Sport, Bewegung und andere Dinge, die **dir guttun**.

7. Schulzeug in den Ranzen packen oder Klamotten für Montag rauslegen: Überleg dir, welche Kleinigkeiten du schon am **Sonntagabend** erledigen kannst. Das erspart dir jede Menge Stress zum Wochenstart. Und: Nutze den Sonntag vor allem, um neue Energie zu tanken.

Frag dich:

Was sind die „großen Steine", um die ich mich in der nächsten Woche unbedingt kümmern will?

Montag:

Dienstag:

Mittwoch:

Donnerstag:

Freitag:

Samstag:

Sonntag:

Mach den nächsten Schritt

Sieh dir in der nächsten Woche die Liste oben an. Hast du dich um alle „großen Steine" gekümmert? Wenn nicht: Was kannst du tun, damit die „großen Steine" in Zukunft nicht zu kurz kommen?

6. Stoppe die digitalen Stressmacher

„Wie wirst du dich fühlen, wenn du in 5 oder 10 Jahren auf dein Leben zurückblickst? Wirst du fassungslos sein, wie viel Zeit du mit Surfen und Scrollen verbracht hast?"

M. J. Fievre

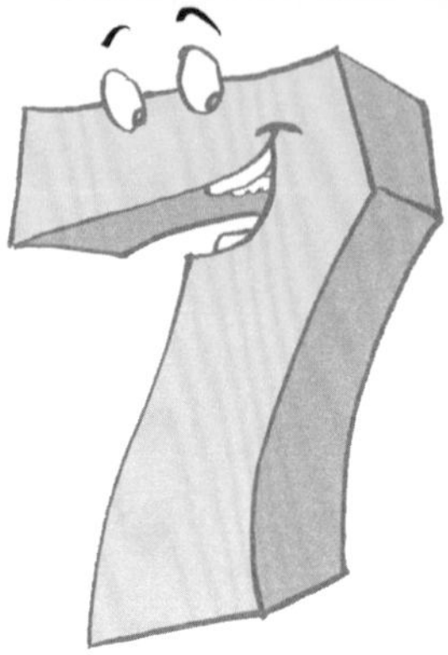

7 Tipps, um die Technik in den Griff zu bekommen

Smartphone, Internet und Co. sind eine schier unerschöpfliche Quelle für **Stress** und **Dringlichkeit**. Was du dagegen tun kannst? Die folgenden 7 Tipps helfen dir, die Technik im Zaum zu halten:

1. **Verbanne Smartphone, Tablet oder Laptop aus deinem Schlafzimmer:** Nutze einen ganz normalen Wecker. Starr nicht gleich morgens beim Aufwachen auf einen flimmernden Bildschirm.
2. **Setz dir Zeit-Limits:** Verbring täglich nicht mehr als 20 Minuten mit Social-Media-Aktivitäten. Leg zudem Zeiten fest, in denen du grundsätzlich keine Newsfeeds checkst.
3. **Stoppe die Reizüberflutung:** Melde dich von überflüssigen Newslettern ab und deaktiviere Push-Nachrichten. Verlasse Gruppen, die nur deine Zeit stehlen. Entscheide, wem du auf Ista & Co. nicht länger folgen willst.
4. **Lösche Apps:** Blende Apps, die du nicht komplett deaktivieren willst, aus. Und: Begrenze die Nutzungsdauer für die Apps, mit denen du besonders viel Zeit vergeudest.
5. **Entdecke das wahre Leben:** Mach dir bewusst, dass Social Media nicht die Realität ist. Verbring weniger Zeit in der virtuellen Welt und treffe dich wieder öfter mit deinen Freunden.
6. **Teste Digital Detox:** Verzichte drei Tage lang komplett auf Smartphone, Internet und Co. Du wirst staunen, wie viel Zeit du plötzlich hast.
7. **Mach mehr offline:** Nimm dir jeden Tag bewusst Zeit für Offline-Aktivitäten. Lies ein gutes Buch, bau ein Modellflugzeug zusammen oder geh raus zum Joggen.

Frag dich:

Bin ich so sehr mit Smartphone, Tablet und Co. beschäftigt, dass ich meine wichtigsten Ziele, Freundschaften und Beziehungen vernachlässige? Was stiehlt mir die meiste Zeit? Welche Menschen und Ziele leiden besonders darunter?

Mach den nächsten Schritt

Reduziere Ablenkungen durch Technik. Setze gleich heute einen der folgenden Tipps um:

- Deaktiviere sämtliche Hinweisfunktionen auf eingehende Nachrichten.
- Check deine Social-Media-Kanäle nur noch ein- bis zweimal täglich.
- Verpflichte dich dazu, dich während eines Gesprächs mit deinen Freunden oder deiner Familie nicht von deinem Smartphone ablenken zu lassen.

Schalte einfach ab!

Schalte alle technischen Störenfriede aus, während du an deinen „großen Steinen“ arbeitest. Probier es aus und zieh dann Bilanz: Hast du einen Unterschied bemerkt? Welche Auswirkungen hatte das Abschalten auf deine Konzentration und deine Arbeitsergebnisse?

Beziehungen – der Stoff, aus dem das Leben ist!

„Mach den Sprung von deinem persönlichen Erfolg zum Erfolg im Team!"

SEAN COVEY

GRATULATION! Wenn du dieses Workbook bis hierhin durchgearbeitet hast, hast du die Grundlagen für deinen **persönlichen Erfolg** gelegt. Ab jetzt dreht sich alles um deinen **Erfolg im Team.** Aber wie kannst du im Team erfolgreich sein? Der Schlüssel dazu sind deine Beziehungen! Deshalb zeige ich dir erst mal, wie du deine Beziehungen verbessern kannst. Danach geht es dann weiter mit dem 4. Weg.

1. Halte deine Versprechen

„Gib dir ein kleines Versprechen – und halte es. Nimm dir dann ein größeres Versprechen vor – und halte es. Mach immer weiter. Irgendwann ist es dann eine gute Gewohnheit, dass du deine Versprechen hältst!"

STEPHEN R. COVEY

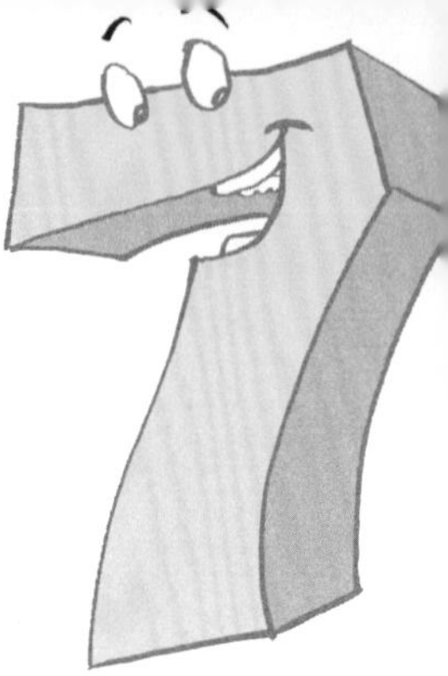

7 Tipps, um Versprechen zu halten

Wenn du dein Wort nicht hältst und deine Ziele nicht verwirklichst, wirst du von dir selbst enttäuscht sein. Die folgenden 7 Tipps helfen dir, deine Versprechen zu erfüllen!

1. **Übernimm die Verantwortung:** Wenn du ein Versprechen machst, gibt es kein „Vielleicht“. Schreib deine Versprechen auf große Zettel und verteile sie an Plätzen, an denen du sie gut sehen kannst. Das macht deine Versprechen sichtbar – und Sichtbarkeit bringt dich ins Handeln!
2. **Sei ehrlich und realistisch:** Kannst du dein Versprechen wirklich halten? Stell sicher, dass du nicht zu viel versprichst.
3. **Schaffe die richtigen Rahmenbedingungen:** Hol dir Unterstützung und besorg dir alles, was du brauchst, um dein Versprechen zu verwirklichen.
4. **Gib deinen Versprechen eine Deadline:** Trag einen Termin in deinen Wochenplan ein, bis wann du ein Versprechen tatsächlich wahr gemacht haben wirst. Ist es ein großes Versprechen? Dann unterteil es in kleine Handlungsschritte und block dir ausreichend Zeit für die Umsetzung.
5. **Mach dir klar: Auch kleine Schritte führen zum Ziel.** Selbst wenn es nur eine Kleinigkeit ist: Unternimm etwas, um dein Versprechen in die Tat umzusetzen.
6. **Behalte deine Fortschritte im Auge:** Halte deine Fortschritte schriftlich fest. Dann siehst du schwarz auf weiß, wo du auf Zielkurs bist und wo du noch aufholen musst.
7. **Sei nachsichtig und freundlich zu dir selbst:** Motiviere dich und mach dich nicht selbst nieder. Feiere jeden noch so kleinen Fortschritt!

Frag dich:

Vertraue ich mir selbst? Glaube ich fest daran, dass ich die Versprechen halte, die ich mir selbst gegeben habe?

Mach den nächsten Schritt

Schreib ein wichtiges Ziel auf, bei dem du nicht gut vorankommst:

Versprich dir jetzt, dass du alles tun wirst, um dieses Ziel zu erreichen. Mach das bitte schriftlich. Dann ist es verbindlicher!

Mein Versprechen an mich selbst

Heute gebe ich mir ein Versprechen zu meinem Ziel

______________________________.

Ich verspreche mir selbst, dass ich mich auf dieses Ziel konzentrieren werde. Ab heute werde ich jeden Tag einen großen oder kleinen Schritt unternehmen, um dieses Ziel zu erreichen. Auch wenn es auf dem Weg zum Ziel mal nicht so gut vorangeht, werde ich durchhalten. Ich gebe nicht auf – versprochen!

____

Datum Unterschrift

Was ist der kleinstmögliche Schritt, um dein Versprechen wahrzumachen und dein Ziel zu erreichen? Nimm diesen kleinen Schritt noch heute in Angriff:

2. Verbessere deine Beziehungen

„Denk immer daran, dass deine Beziehung zu anderen ein Spiegelbild deiner Beziehung zu dir selbst ist!“

STEPHEN R. COVEY

Wie läuft's mit deinen Beziehungen?

Deine Fähigkeit, gut mit anderen klarzukommen, wird maßgeblich darüber entscheiden, wie erfolgreich und glücklich du im Leben bist. Und wie läuft es mit deinen Beziehungen? Bitte mach dir bewusst: Wir können unsere Beziehungen zu anderen nur in den Griff bekommen, wenn wir uns selbst im Griff haben – zumindest einigermaßen! Oder anders ausgedrückt: Du selbst bist die wichtigste Basis für jede deiner Beziehungen.

Schau einfach in den Spiegel!

Falls du Schwierigkeiten mit deinen Beziehungen hast, musst du wahrscheinlich nicht lange suchen, um den wahren Grund dafür zu finden. Schau einfach in den Spiegel. Denn: **Oft liegt das Problem nicht bei den anderen, sondern bei dir!** Die gute Nachricht? Wenn das Problem bei dir liegt, kannst du einiges tun, um deine Beziehungen zu verbessern. Wie das geht? Das zeige ich dir jetzt!

Frag dich:

Ob Eltern, Freunde, Klassenkameraden oder Lehrer: Wenn es bei meinen Beziehungen nicht so gut läuft, suche ich dann die Schuld meistens bei den anderen? Oder achte ich eher auf das, was ich besser machen kann?

Mach den nächsten Schritt

Geh deine wichtigsten Beziehungen durch. Überleg dir, wie du hier abschneidest. Wie schätzen andere dich ein? Was finden sie gut und was könntest du verbessern?

Was meinen deine **Freunde**? Bist du ein guter Freund oder eine gute Freundin?

Wie finden dich deine **Geschwister**? Sind sie froh, dich als Bruder oder Schwester zu haben?

Wie schätzen deine **Eltern** eure Beziehung ein?

3. Füll deine Beziehungskonten auf

„In Beziehungen sind Kleinigkeiten oft die wirklich großen Dinge."

STEPHEN R. COVEY

Wie ist dein Kontostand?

Das Vertrauen, das in einer Beziehung herrscht, kann man gut mit einem Bankkonto vergleichen. Wenn du Einzahlungen auf dein **Beziehungskonto** bei einem anderen machst, wächst das Vertrauen. Abhebungen dagegen verringern das Vertrauen. In der folgenden Tabelle siehst du einige Beispiele für Abhebungen und Einzahlungen. Umfassende Infos dazu findest du in meinem Buch **„Die 7 Wege zur Effektivität für Jugendliche“** auf den Seiten 139 bis 152.

− Abhebung	+ Einzahlung
− Du brichst deine Versprechen.	+ Du hältst deine Versprechen.
− Du zeigst anderen die kalte Schulter.	+ Du machst anderen eine Freude und bist nett zu ihnen.
− Du lästerst über andere und missbrauchst ihr Vertrauen.	+ Du verhältst dich anderen gegenüber loyal.
− Du lässt andere nicht zu Wort kommen.	+ Du hörst anderen verständnisvoll zu.
− Du gibst deine Fehler nicht zu.	+ Du entschuldigst dich, wenn du etwas verbockt hast.
− Du lässt andere im Dunkeln tappen.	+ Du bist offen und ehrlich zu anderen.

Frag dich:

Weiß ich, was die wichtigsten Menschen in meinem Leben als **Abhebung** oder als **Einzahlung** auf dem Beziehungskonto betrachten? Welche Beispiele fallen mir spontan dazu ein?

Mach den nächsten Schritt

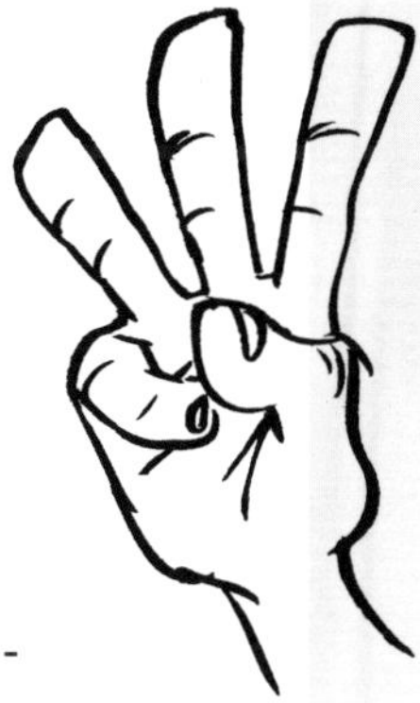

Welche drei wichtigen Beziehungen willst du verbessern? Notier dir zu jeder dieser Beziehungen eine Einzahlung in der folgenden Tabelle. Stell sicher, dass du wirklich weißt, was für den anderen eine Einzahlung ist. Schreib zudem zu jeder Beziehung eine Abhebung auf, die du unbedingt vermeiden möchtest. Und: Blätter immer wieder zu diesem Kapitel zurück, wenn du an deinen Beziehungen arbeitest.

Wichtige Beziehung	Abhebung	Einzahlung

Wähle eine der Beziehungen aus der Tabelle oben aus. Nimm die Beziehung, bei der dein „Bankkonto“ besonders schlecht gefüllt oder sogar im Minus ist. Trag hier den Namen der betreffenden Person ein:

Mach in den nächsten 14 Tagen bewusst Einzahlungen auf dein Beziehungskonto bei dieser Person. Wie wird das die Beziehung verändern? Und: Was kannst du tun, um die Beziehung dauerhaft zu verbessern?

4. Entschuldige dich bei anderen

„Eine ehrliche Entschuldigung ist der Klebstoff, der zerbrochene Beziehungen wieder kitten kann!“

STEPHEN R. COVEY

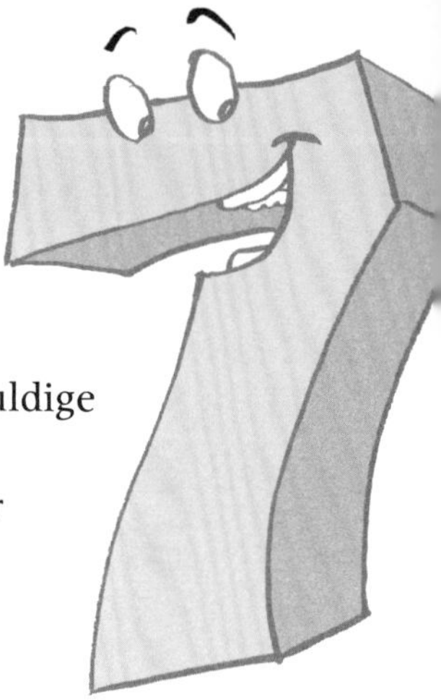

7 Tipps für eine ehrliche Entschuldigung

Hast du einen Fehler gemacht? Dann entschuldige dich! Eine ehrliche Entschuldigung kann ein überzogenes Beziehungskonto schnell wieder ins Plus bringen. Zugegeben, für eine Entschuldigung braucht es Mut. Aber mit den folgenden Tipps ist es leichter als gedacht!

1. Wähle den **richtigen Moment und bitte den anderen ehrlich um Verzeihung.** Sag beispielsweise: „Es tut mir leid. Ich hätte mehr auf deine Gefühle achten sollen!"
2. Zeige, dass du dein Verhalten **bereust.** Such nicht nach Ausreden. Sag nicht: „Es tut mir leid, aber …!"
3. Versuche **nicht**, dich zu **rechtfertigen.** Sag ehrlich: „Das war nicht okay. Ich hatte einfach schlechte Laune."
4. Achte darauf, dass deine Entschuldigung **keine Vorwürfe** enthält. Verzichte auf Aussagen wie: „Es tut mir leid, aber du hast mich so wütend gemacht!"
5. **Überleg dir, wie du deinen Fehler wiedergutmachen** kannst. Bist du nicht sicher? Fragen den anderen, worüber er oder sie sich freuen würde.
6. Versprich dem anderen, dass so etwas nie wieder vorkommt. Aber: Mach **keine leeren Versprechungen.** Versprich nur das, was du tatsächlich halten kannst.
7. Erwarte nicht, dass der andere dir sofort verzeiht. Lass ihm oder ihr **Zeit** und melde dich regelmäßig. Mach dir klar, dass du keinen Einfluss auf die Reaktion des anderen hast. Wenn du alles versucht hast und er oder sie nicht bereit ist, dir zu vergeben, dann **lass los!**

Frag dich:

Bei wem sollte ich mich entschuldigen? Schreib auch auf, wie du deinen Fehler wiedergutmachen kannst:

Mach den nächsten Schritt

Wie und wann wirst du dich bei der Person, die du oben genannt hast, entschuldigen? Schreib deine Entschuldigung jetzt auf. Berücksichtige dabei die 7 Tipps auf der vorigen Seite. Lies deine Entschuldigung mehrmals durch und verändere sie so lange, bis du damit zufrieden bist. Und dann entschuldige dich tatsächlich! Schieb das nicht auf die lange Bank, sondern nimm es direkt in Angriff!

Meine Entschuldigung:

5. Mach Freundlichkeit zu deiner Stärke

„Freundlichkeit ist keine Schwäche, sondern eine Stärke!"

STEPHEN R. COVEY

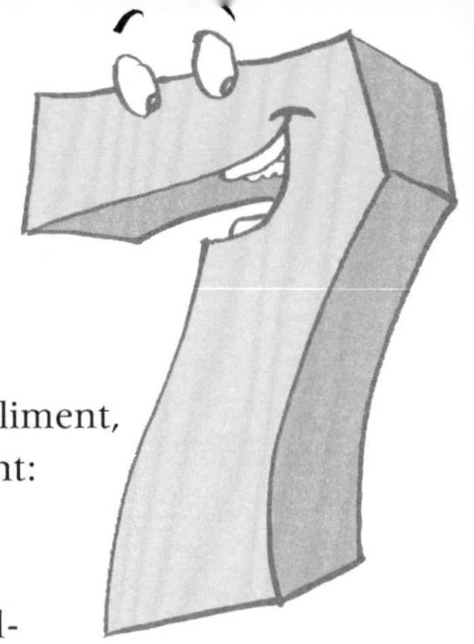

7 Tipps für ein freundliches Miteinander

Ein freundliches Hallo, ein Lächeln, ein Kompliment, eine Umarmung oder eine lustige Textnachricht: Solche Kleinigkeiten können in Beziehungen einen großen Unterschied machen. Und das Beste? Es ist gar nicht schwer, nett und freundlich zu anderen zu sein. Die folgenden Tipps helfen dir dabei!

1. **Beherzige die goldene Regel:** Behandle andere immer so, wie du selbst von anderen behandelt werden möchtest.
2. **Freundlichkeit kann man trainieren:** Mach es dir zur Gewohnheit, freundlich zu anderen zu sein!
3. **Halt die Augen offen:** Im Alltag gibt es jede Menge Gelegenheiten, um freundlich zu anderen zu sein.
4. **Spare nicht mit Lob und Anerkennung**: Das ist eine großartige Möglichkeit, um freundlich zu anderen zu sein.
5. **Sprich höflich und respektvoll mit anderen** – unabhängig davon, ob es sich um Freunde, Familie oder Fremde handelt.
6. **Überrasche deine Freunde:** Mach ihnen gelegentlich eine Freude mit kleinen Aufmerksamkeiten – beispielsweise einem netten Mitbringsel oder einer Nachricht.
7. **Bedanke dich:** Wenn andere freundlich zu dir sind, bedanke dich bei ihnen. Zeig ihnen, dass du ihre Freundlichkeit sehr schätzt.

Frag dich:

Fällt es mir schwer, nette Dinge zu den Menschen zu sagen, die mir am Herzen liegen? Was hindert mich daran?

Wem kann ich gleich heute noch eine kleine Freude machen?

Mach den nächsten Schritt

Schreib einen kleinen **DANKE-Brief** an eine Person, die besonders nett zu dir war. Schick den Brief per E-Mail oder per Post.

DANKE-Brief für:

4. Weg: Win-Win-Denken

Jeder kann gewinnen: Es ist genug für alle da!

1. Mach alle zu Gewinnern

„Wofür leben wir, wenn nicht dafür, uns gegenseitig das Leben leichter zu machen."
GEORGE ELIOT

Win-Win-Denken: Es ist genug für alle da!

Was zeichnet Win-Win-Denken aus?

Win-Win-Denken: Der 4. Weg ist keine Erfolgstechnik, sondern eine Lebenseinstellung. Diese Lebenseinstellung besagt: Ich kann gewinnen und du kannst auch gewinnen. **Wir können beide gleichzeitig gewinnen.** Die folgende Grafik zeigt dir, was das Win-Win-Denken so besonders macht:

Gewinn-Verlust Ich bekomme alles – und du kriegst nichts. Es ist einfach nicht genug für uns beide da!	**Verlust-Verlust** Ich will, dass du verlierst. Dafür nehme ich in Kauf, dass ich ebenfalls verliere!
Verlust-Gewinn Du bekommst alles – und ich kriege nichts. Wenn du gewinnst, verliere ich zwangsläufig!	**Gewinn-Gewinn** **Wir unterstützen uns gegenseitig und gewinnen beide. Denn: Es ist genug für alle da!**

Frag dich:

Freue ich mich wirklich für meinen Freund, wenn er bessere Mathe-Noten hat als ich? Fühle ich mich als Verlierer, wenn andere coolere Klamotten oder ein besseres Smartphone haben als ich?

Wie sehe ich das Leben? Als Wettbewerb, den ich um jeden Preis gewinnen muss? Oder stecke ich freiwillig zurück, um bloß keinen Stress zu haben?

Mach den nächsten Schritt

Schreib einige Beispiele auf, in denen du eine Win-Win-Mentalität an den Tag gelegt hast. Vielleicht hast du beim Fußball den Ball abgegeben, damit dein Mitspieler ein Tor für eure Mannschaft erzielen kann? Oder du hast die Präsentation der Gruppenarbeit für die Schule auf Vordermann gebracht, damit alle eine gute Note bekommen?

Wie hat es sich für dich und die anderen angefühlt, dass alle gewonnen haben?

2. Hüte dich vor den fiesen Zwillingen

„Es gibt zwei schlechte Gewohnheiten, die dich innerlich auffressen: **Konkurrenzdenken** und **Vergleiche** mit anderen!“

Sean Covey

Diese Gewohnheiten verhindern das Win-Win-Denken

Zwei ungute Gewohnheiten sind besonders verbreitet. Sie werden dich innerlich langsam auffressen. Diese beiden Gewohnheiten sind Zwillinge. Sie heißen:

KONKURRIEREN und VERGLEICHEN.

Wenn die fiesen Zwillinge ihr Unwesen treiben, ist Win-Win-Denken praktisch unmöglich.

KONKURRIEREN

An sich ist Konkurrenzdenken nichts Schlechtes. Im Gegenteil: Wettbewerb motiviert uns, das Beste aus uns herauszuholen. Ohne Wettbewerb würden wir wahrscheinlich nie erfahren, was alles in uns steckt. Doch das Konkurrenzdenken hat auch Schattenseiten. Diese Schattenseiten zeigen sich, sobald du deinen Selbstwert davon abhängig machst, dass du gewinnst und andere in die Knie zwingst.

VERGLEICHEN

Der Vergleich mit anderen ist der Zwilling des Konkurrierens. Und er ist mindestens genauso schädlich. Warum? Jeder Mensch hat sein eigenes Tempo. Jeder von uns entwickelt sich auf seine Weise: Deshalb ist es keine gute Idee, wenn du dich mit anderen vergleichst.

Frag dich:

Konkurriere ich mit anderen, um zu gewinnen und besser dazustehen als sie?

Basiert mein Selbstwertgefühl darauf, wie ich im Vergleich mit anderen abschneide? Fühle ich mich zufriedener, wenn mein Notendurchschnitt besser ist als der von jemand anderem? Und: Bin ich am Boden zerstört, weil ich glaube, dass andere klüger, hübscher oder sportlicher sind als ich?

Mach den nächsten Schritt

Ob Aussehen, Kleidung, Freundschaften oder Talente: Gibt es einen Bereich, in dem du besonders unter dem Vergleich mit anderen leidest? Schreib auf, was du tun kannst, um diesen ungesunden Vergleichen zu entkommen:

3. Baue Win-Win-Beziehungen auf

„Wenn du großzügig bist und andere unterstützt, wirst du Freunde wie ein Magnet anziehen. Überleg mal: Sicher magst du auch Menschen, die wollen, dass du gewinnst."

SEAN COVEY

3 Tipps zum Aufbau von Win-Win-Beziehungen

Willst du dir und anderen das Leben einfacher und schöner machen? Dann arbeite daran, Win-Win-Beziehungen aufzubauen. Hier kommen drei praktische Tipps:

1. Sprich mit dem anderen ab, was ein Gewinn für euch beide wäre.
2. Legt klar fest, was jeder tun muss, damit am Ende beide gewinnen. Und: Überlegt euch, woran ihr festmachen könnt, dass jeder seinen Teil der Abmachung eingehalten hat.
3. Klärt frühzeitig ab, was ihr tun könnt, wenn Probleme auftauchen oder ihr unterschiedlicher Meinung seid.

Frag dich:

Welche meiner Beziehungen sind kein Gewinn für beide Seiten?

Mach den nächsten Schritt

Denk an eine Beziehung, die besonders vom Win-Win-Denken profitieren könnte. Trag in die Tabelle unten ein, wie der Gewinn für dich und den anderen aussehen könnte. Du weißt nicht, was für den anderen ein Gewinn wäre? Dann frag einfach nach!

Mein Gewinn	Gewinn der anderen Person

Was könnt ihr konkret tun, damit die Beziehung ein Gewinn für euch beide wird?

4. Entwickle eine Überfluss-Mentalität

„Das Leben ist ein Mannschaftssport!"
SEAN COVEY

Was ist eine *Überfluss-Mentalität*?

Wettbewerb, Konkurrenzdenken, Vergleich und Neid: Die **Mangel-Mentalität** ist der größte Bremsklotz für das Win-Win-Denken. Das Gegenteil davon ist eine **Überfluss-Mentalität**. Menschen mit einer Überfluss-Mentalität sind nicht neidisch auf die Erfolge anderer. Sie sind **selbstsicher** und kennen ihren **eigenen Wert.** Die folgende Tabelle zeigt dir die Unterschiede zwischen der Mangel- und der Überfluss-Mentalität:

Jemand mit einer MANGEL-Mentalität ...	Jemand mit einer ÜBERFLUSS-Mentalität ...
glaubt, dass nicht genug für alle da ist.	weiß, dass genug für alle da ist.
erwartet das Schlimmste.	erwartet das Beste.
mag keine Veränderungen.	freut sich auf Veränderungen.
ist re-aktiv.	ist pro-aktiv.
denkt, dass er schon alles weiß.	ist neugierig und lernt gern Neues.
richtet den Blick auf das, was schlecht läuft.	richtet den Blick auf das, was gut läuft.
arbeitet nicht gerne im Team.	arbeitet am liebsten im Team.
beansprucht Erfolge für sich und hebt nur die eigene Leistung hervor.	teilt Erfolge und hebt die Leistung anderer hervor.
vertraut so gut wie niemanden.	schenkt anderen sein Vertrauen.

Frag dich:

Glaube ich ehrlich, dass genug für alle da ist? Wie zeige ich anderen, dass ich eine Überfluss-Mentalität habe?

Wann habe ich das letzte Mal jemandem geholfen, erfolgreich zu sein? Wie habe ich mich dabei gefühlt?

Habe ich eine Überfluss-Mentalität in meinen Beziehungen zu meiner Familie, meinen Freunden und Mitschülern? Wie zeigt sich diese Überfluss-Mentalität?

Mach den nächsten Schritt

Überleg dir, wie du deine Überfluss-Mentalität vergrößern könntest – beispielsweise, indem du aufhörst, dich mit anderen zu vergleichen. Oder indem du andere unterstützt und dein Wissen mit ihnen teilst. Schreib mindestens drei konkrete Beispiele auf:

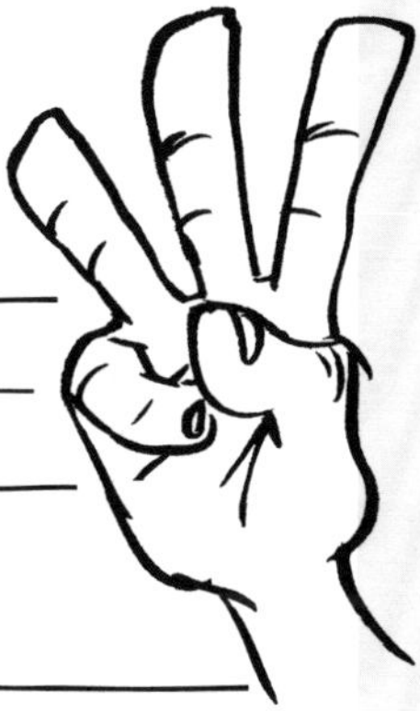

Beispiel 1:

Beispiel 2:

Beispiel 3:

5. Entdecke deine Mutzone

„Es ist erstaunlich, was man alles erreichen kann, wenn man sich nicht darum kümmert, wer dafür die Anerkennung bekommt."

HARRY S. TRUMAN

Raus aus der Komfortzone – rein in die Mutzone!

Wenn du ein Win-Win-Denker werden willst, musst du raus aus deiner Komfortzone. Deine Komfortzone umfasst alles, was dir vertraut ist und Spaß macht. **In deiner Komfortzone kennst du dich aus. Hier fühlst du dich sicher.** Doch: Wenn du vorankommen und Neues entdecken willst, musst du in die Mutzone wechseln. Abenteuer, Risiken, Unsicherheit und Herausforderungen auf dich. Aber die Mutzone ist auch der Bereich der Chancen und Möglichkeiten. **Nur in der Mutzone kannst du dich weiterentwickeln und dein volles Potenzial entfalten.**

Frag dich:

Bestimmen Mangel-Denken und Ängste meine Entscheidungen? Warum habe ich Angst davor, meine Komfortzone zu verlassen?

Mach den nächsten Schritt

Gibt es etwas, das du schon immer einmal tun wolltest? Schreib es auf und überleg dir, welche Angst dich daran hindert. Halte außerdem schriftlich fest, was du alles brauchst, um deine Komfortzone zu verlassen. Welchen ersten Schritt kannst du gleich heute unternehmen, um deine Angst zu überwinden und in die Mutzone zu wechseln?

5. Weg: Erst verstehen, dann verstanden werden

Warum hast du zwei Ohren und nur einen Mund?

1. Hör anderen genau zu

„Jeder Mensch hat das tiefe innere Bedürfnis, verstanden zu werden. Wir alle wollen als das gesehen und geschätzt werden, was wir sind – einzigartige Persönlichkeiten, die es in dieser Form nur einmal auf der Welt gibt!"

SEAN COVEY

Versuch, andere wirklich zu verstehen!

Erinnere dich bitte an eine Situation, in der dein Gegenüber sich nicht die Zeit nahm, dich zu verstehen. Hast du dieser Person gesagt, was du wirklich denkst und fühlst? Und: Warst du in diesem Augenblick bereit, dich auf das einzulassen, was sie dir sagen wollte? Wahrscheinlich nicht! Deshalb: Halte dich an den 5. Weg. Hör dem anderen genau zu. Lerne seinen Standpunkt kennen, bevor du ihm deine eigene Sicht der Dinge erklärst.

Ganz wichtig: „Erst verstehen, dann verstanden werden" bedeutet nicht, dass du die Meinung des anderen uneingeschränkt teilst. Es geht darum, dass du dich in ihn hineinversetzt und verstehst, was er denkt und fühlt! Denn das ist die größte Einzahlung, die du auf dein Beziehungskonto bei ihm machen kannst.

Zuhör-Training

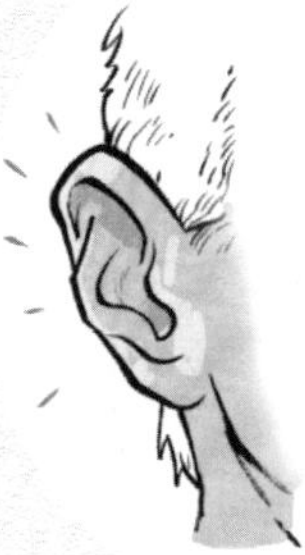

Trainiere in den nächsten Tagen bewusst den 5. Weg und verständnisvolles Zuhören:

- Hör deinem Gegenüber mit der festen Absicht zu, ihn oder sie zu verstehen.
- Unterbrich den anderen nicht. Lass ihn oder sie in Ruhe ausreden.
- Fass das, was der andere dir gesagt hat, in deinen eigenen Worten zusammen.
- Frag den anderen, ob du richtig verstanden hast, was er oder sie meint, denkt und fühlt.
- Urteile nicht über die Meinung des anderen.
- Erteile dem anderen nur Ratschläge, wenn er oder sie das wirklich möchte.

Frag dich:

Vermittle ich den Menschen in meinem Umfeld das Gefühl, dass ich sie wirklich verstehe? Habe ich je nachgefragt, ob sich andere von mir verstanden fühlen?

Mach den nächsten Schritt

Setz dein Zuhör-Training in die Tat um. Hör in den nächsten 7 Tagen jeden Tag einer bestimmten Person wirklich zu. Ziehe jeden Abend eine kurze Zuhör-Bilanz. Trag in die folgende Tabelle ein, wie gut das mit dem Zuhören geklappt hat. Überleg dir auch, was du noch besser machen kannst.

Wochentag	Name	Was war gut? Was geht noch besser?

2. Achte nicht nur auf die Worte

„Echtes Zuhören geht über das Hören von Worten hinaus. Es bedeutet, die Welt mit den Augen des anderen zu sehen und mit dem Herzen des anderen zu fühlen!“

STEPHEN R. COVEY

Bitte gut zuhören!

Es gibt viele Situationen, in denen verständnisvolles Zuhören besonders wichtig ist. Hör auf zu sprechen und hör genau zu, wenn:

- Gespräche besonders emotional sind,
- du zum Kern eines Problems vordringen möchtest,
- du das Gefühl hast, dass du den anderen nicht verstehst,
- die andere Person sich nicht von dir verstanden fühlt.

Verständnisvolles Zuhören erfordert drei Dinge:

1. **Hör mit den Ohren, den Augen und dem Herzen zu:** Achte nicht nur auf die Worte, sondern auch auf die Körpersprache und die Gefühle des anderen.
2. **Schlüpf in die Schuhe des anderen und betrachte die Dinge aus seinem Blickwinkel.**
3. **Sei wie ein Spiegel:** Was macht ein Spiegel? Ein Spiegel urteilt nicht. Er gibt auch keine Ratschläge. Vielmehr reflektiert er. Das heißt für dich: **Wiederhole die Botschaft deines Gegenübers mit eigenen Worten** – zum Beispiel: „Es klingt so, als ob du dich … fühlst.“ Oder: „Habe ich dich richtig verstanden? Du meinst, dass …“

Frag dich:

Höre ich den Menschen, die mir wichtig sind, mit dem Herzen zu? Mache ich das auf eine Weise, die als Einzahlung auf meinem Beziehungskonto bei ihnen betrachtet werden kann?

Was bedeutet das folgende Zitat für mich?

> „Ich muss gut zuhören. Nur so kann ich das hören, was nicht gesagt wird!“
>
> THULI MADONSELA

Mach den nächsten Schritt

Gibt es jemanden, dem du häufig nicht richtig zuhörst? Oder jemanden, den du öfter siehst, von dem du aber so gut wie nichts weißt – beispielsweise eine Mitschülerin oder jemanden aus deinem Sportverein? Frag einfach: „Wie geht es dir?“ Öffne dein Herz und hör verständnisvoll zu. Halte deine Erfahrungen unten fest. Glaub mir: Du wirst staunen, was du alles über die andere Person erfahren wirst!

Wenn du das nächste Mal in einer hitzigen Diskussion mit jemand anderem bist, achte bewusst auf das, was nicht ausgesprochen wird. Wie ist die Körpersprache? Wie der Tonfall? Halte deine Erkenntnisse schriftlich fest. Notier auch, was du aus diesem Gespräch und deinen Beobachtungen lernen kannst:

3. Vergiss deine eigene Geschichte

„Hör zu – oder deine Zunge wird dich taub machen!"

WEISHEIT AMERIKANISCHER UREINWOHNER

Die 5 Zuhör-Fallen

Oft hören wir anderen nicht zu, weil wir damit beschäftigt sind, uns zu überlegen, was wir erwidern wollen. Oder wir betrachten das, was andere sagen, ausschließlich aus unserer eigenen Perspektive. Dann tappen wir in eine der folgenden 5 Zuhör-Fallen:

1. **Abschalten und an was anderes denken:** Die Gedanken wandern in eine andere Galaxie.

2. **So tun, als ob man zuhört**: Man täuscht Aufmerksamkeit vor, indem man hin und wieder sagt: „Ja", „Aha", „Hmm, hmm ...", „Toll" oder „Klingt wunderbar".

3. **Nur das hören, was man hören will:** Man hört nur das, was einen interessiert. Den Rest ignoriert man.

4. **Ausschließlich auf die Worte hören:** Man ignoriert die Körpersprache, die Gefühle des anderen und die wahre Bedeutung hinter seinen Worten.

5. **Alles aus der Ich-Perspektive hören:** Anstatt sich auf den anderen zu konzentrieren, überträgt man das, was er oder sie sagt, sofort auf seine eigene Geschichte. Man fällt ihm ins Wort und bekräftig: „Das kenne ich. Ich weiß genau, wie du dich fühlst!" Zudem versucht man, den anderen zu übertrumpfen: „Dein Tag war schlecht? Dann hör erst mal, wie schlimm meiner war!"

Frag dich:

Welche der 5 Zuhör-Fallen macht mir die größten Probleme?

Falle Nummer ____________________

Höre ich wirklich zu, um den anderen zu verstehen? Und: Bin ich in der Lage zuzuhören, ohne dabei über meine Antwort nachzudenken?

Will ich den anderen in emotionalen Diskussionen wirklich verstehen? Oder will ich ihm nur beweisen, dass ich im Recht bin?

Mach den nächsten Schritt

Denk an ein Gespräch, in dem der andere dir mit Einfühlungsvermögen, Verständnis und Respekt zugehört hat. Wie hast du dich dabei gefühlt? Und: Was kannst du aus diesem Gespräch lernen?

Such dir eine Person aus, die dir besonders nahesteht. Achte darauf, wie sich eure Gespräche verändern, wenn du den 5. Weg beherzigst und verständnisvoll zuhörst. Notier deine Erkenntnisse und Fortschritte:

4. Hilf anderen, dich zu verstehen

„Das Leben ist für niemanden von uns einfach. Aber was soll's. Wir müssen Durchhaltevermögen und Selbstvertrauen haben."

MARIE CURIE

Checkliste: So wirst du verstanden

„Zuerst verstehen“ erfordert Rücksicht. „… dann verstanden werden“ erfordert Mut und Klarheit. Für effektive Kommunikation ist die zweite Hälfte des 5. Weges genauso wichtig wie die erste. **Wenn du sicher bist, dass du deinen Gesprächspartner verstanden hast, dann bist du dran.** Nun kannst du ihm deine eigene Sicht der Dinge anschaulich, klar und respektvoll schildern. Die folgende Checkliste hilft dir dabei:

- ☆ **Kenne das „Warum“:** Überleg dir, was du mit einem Gespräch, einer Diskussion, einem Referat oder einer Präsentation erreichen willst.
- ☆ **Wecke Interesse:** Langweile deine Gesprächspartner und Zuhörer nicht.
- ☆ **Sorge für Klarheit:** Bring das, was du anderen vermitteln willst, kurz und prägnant auf den Punkt.
- ☆ **Streiche Überflüssiges:** Überfordere deine Gesprächspartner nicht. Verzichte auf nebensächliche Details.
- ☆ **Liefere Beweise:** Denk dran, deine Aussagen mit überzeugenden Zahlen, Daten und Fakten zu belegen.
- ☆ **Nutze die Macht der Bilder:** Wähle passende Bilder für Referate oder Präsentationen aus. Übertreib es aber nicht. Nimm wenige, aber einprägsame Bilder.
- ☆ **Überzeuge mit deiner Sprechweise:** Setze Betonung, Sprechtempo, Pausen und die Lautstärke deiner Stimme gezielt ein.
- ☆ **Achte auf deine Körpersprache:** Halte Blickkontakt, unterstreiche deine Worte mit deiner Gestik und Mimik. Denk an deine Körperhaltung und fuchtle nicht wie wild mit deinen Händen herum.

Frag dich:

Zeige ich in Gesprächen, dass ich die andere Person verstehe? Und: Bringe ich meinen eigenen Standpunkt ebenfalls klar zum Ausdruck?

Was kann ich tun, damit andere mich in Zukunft besser verstehen?

Mach den nächsten Schritt

Musst du bald ein Referat halten oder ein schwieriges Gespräch führen? Schreib gleich auf, was du alles tun kannst, damit du verstanden wirst.

Trainiere das Referat oder das Gespräch vor dem Spiegel oder erzähl alles deinem Hund. Nimm dich selbst auf und zieh dann Bilanz. Was war gut? Was kann ich besser machen?

Trainiere das Referat oder das Gespräch mit einer Person, der du vertraust. Bitte um ein ehrliches Feedback. Was hat gut geklappt? Wo gibt es Verbesserungsmöglichkeiten?

5. Der 5. Weg in der digitalen Welt

„Empathie ist die schnellste Form der menschlichen Kommunikation."

STEPHEN R. COVEY

5 Tipps für deine digitale Kommunikation

In der digitalen Welt erfordert verständnisvolle Kommunikation dieselben Fähigkeiten wie im persönlichen Gespräch. Aufgrund der fehlenden menschlichen Nähe kann es jedoch viel leichter zu Missverständnissen kommen. Deshalb ist der 5. Weg hier besonders wichtig. Wenn du Textnachrichten bekommst und die Emotionen hochkochen, versuch es mit den folgenden Tipps:

1. **Lies die Nachricht der anderen Person gut durch:** Hol tief Luft, atme durch und lies das Ganze dann noch mal langsam und in Ruhe.

2. **Versetz dich in die andere Person hinein:** Versuch, ihre Gefühle und ihren Standpunkt zu verstehen, bevor du antwortest.

3. **Verfass deine Antwort mit Bedacht:** Verzichte auf Beleidigungen und Schimpfwörter. Lege deine Sicht der Dinge sachlich und klar dar.

4. **Verschick deine Antwort nicht sofort:** Warte ein bis zwei Stunden ab. Lies deinen Text dann noch mal Wort für Wort durch. Willst du das tatsächlich so absenden?

5. **Überstürze nichts:** Frag im Zweifelsfall jemanden, dem du vertraust, um Rat. Bitte ihn, deine Antwort zu lesen und dir Feedback dazu zu geben.

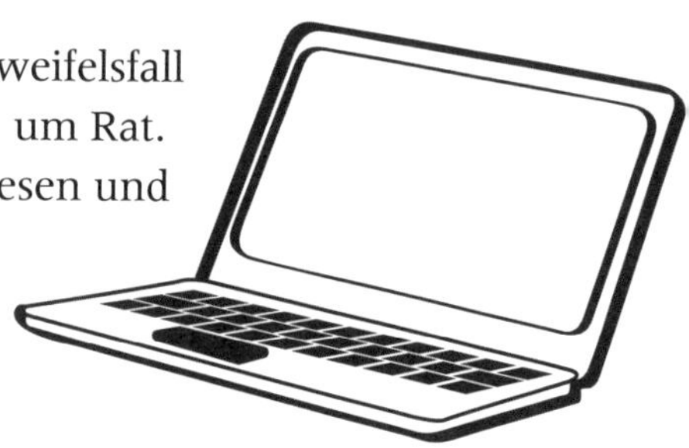

Frag dich:

Ob WhatsApp, Telefon, Text- und Sprachnachricht oder E-Mail: Welche Hürden tun sich hier in der Kommunikation für mich auf?

Wie kann ich auch in der digitalen Welt verständnisvoll „zuhören“ und kommunizieren?

Mach den nächsten Schritt

Geh die folgende Liste durch und nutze die Vorschläge in der rechten Spalte, um deine digitale Kommunikation zu verbessern.

Was du wirklich denkst	Schreib nicht ...	Schreib lieber ...
Ich bin mal wieder viel zu spät dran.	Entschuldige, dass es so lange dauert!	Danke für deine Geduld!
Ich bin total ausgerastet.	Entschuldige, dass ich so empfindlich reagiert habe.	Lieben Dank für dein Verständnis!
So funktioniert das sicher nicht.	Ich denke, wir könnten das vielleicht so machen.	Es wäre das Beste, wenn wir ....
Ich weiß wirklich nicht, wie ich das schreiben soll.	(Müh dich nicht damit ab, einen Text zu verfassen.)	Bitte lass uns das persönlich besprechen.
Hat er oder sie das jetzt endlich verstanden?	Ich hoffe, du hast das richtig verstanden.	Hast du noch Fragen dazu?
Warum dauert das denn so lange?	Ich wollte mal nachfragen, wann ich endlich eine Antwort bekomme.	Kannst du mir bitte ein kurzes Update geben?
Nein!!!	Das geht auf gar keinen Fall!	Das kann ich leider nicht machen. Gerne kann ich dir Folgendes anbieten ...

6. Weg: Synergien schaffen

Gemeinsam mehr erreichen: Du bist nicht allein

1. Nutze die Kraft der Synergie

„Allein können wir so wenig erreichen; gemeinsam können wir so viel erreichen!"

HELEN KELLER

Synergie, das beste Mittel, um Probleme zu lösen

Einfach gesagt bedeutet Synergie: **Wenn wir uns mit anderen zusammentun, können wir weitaus mehr erreichen als jeder von uns allein.** Und was heißt das, wenn es um die Lösung von Problemen geht? Wir setzen nicht meine Idee um und auch nicht deine. Wir finden eine Lösung, die viel besser ist als alles, was jedem von uns allein eingefallen wäre. Damit du besser verstehst, was Synergie ist, wollen wir uns erst mal kurz ansehen, was Synergie nicht ist:

Synergie heißt nicht ...	**Synergie heißt ...**
... Unterschiede als Problem zu sehen.	... Unterschiede als Gewinn zu sehen.
... als Einzelkämpfer unterwegs zu sein.	... mit anderen im Team zusammenzuarbeiten.
... miteinander zu konkurrieren und sich gegenseitig auszuspielen.	... gemeinsam nach der besten Lösung zu suchen.
... zu denken, dass man schon alles weiß und immer recht hat.	... offen für die Meinung und die Ideen anderer zu sein.
... nur seine eigenen Wünsche und Bedürfnisse zu sehen.	... die Wünsche und Bedürfnisse anderer zu berücksichtigen.
... seinen persönlichen Vorteil in den Mittelpunkt zu stellen.	... die Vorteile aller Beteiligten im Blick zu haben.
... faule Kompromisse zu schließen.	... gemeinsam neue, bessere Lösungen zu finden.

Frag dich:

Welches Problem kann ich alleine nur schlecht oder gar nicht lösen?

Mach den nächsten Schritt

Such dir jemanden, der völlig anders denkt als du. Sprich mit ihm oder ihr über ein Problem, das dir zu schaffen macht. Frag ihn oder sie: „Würdest du mir helfen, Lösungsideen zu entwickeln, an die ich noch nicht gedacht habe?“ Beurteile die Lösungsvorschläge nicht. Hör einfach nur zu. Welche Ideen kannst du nutzen, um dein Problem zu lösen?

2. Freu dich über Unterschiede

„Synergie entsteht nicht von jetzt auf gleich. Sie ist ein Prozess. Ihr Fundament lautet: Lerne, Unterschiede zu schätzen und als Gewinn zu betrachten.“

SEAN COVEY

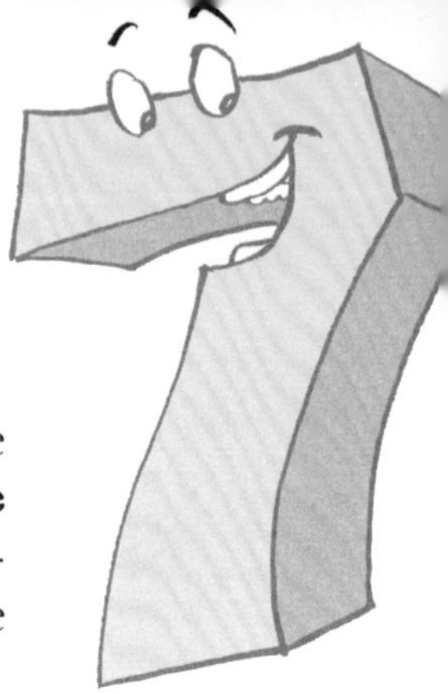

7 Tipps, um andere Meinungen zu schätzen

Unterschiede schätzen – das ist die Grundlage von Synergie. Denn: **Unterschiede sind für alle Beteiligten ein Gewinn.** Aber wie kannst du Unterschiede schätzen, wenn jemand eine andere Meinung hat als du? Hier sind 7 Tipps:

1. **Besprich das Thema unter vier Augen:** Trefft euch an einem neutralen Ort, wo ihr in Ruhe reden könnt. Und: Trag Meinungsverschiedenheiten nie öffentlich aus – schon gar nicht in den sozialen Medien!
2. **Achte auf eine gute Gesprächsatmosphäre:** Respekt ist das oberste Gebot. Bleib ruhig. Nutze „Ich-Botschaften“, um den anderen nicht persönlich anzugreifen oder bloßzustellen.
3. **Klär den Sachverhalt:** Vermeide Missverständnisse und untermauere deine Aussagen mit Fakten. Halte deine Gedanken und Argumente vor dem Gespräch schriftlich fest.
4. **Bleib objektiv:** Geh nicht einfach davon aus, dass der andere im Unrecht ist. Hör dir seine Argumente aufmerksam an. Versetz dich in seine Lage. Versuche, den anderen so gut zu verstehen, dass du seinen Standpunkt in einer Debatte souverän vertreten könntest.
5. **Sei neugierig:** Frag nach und lass dir die Hintergründe und Zusammenhänge genau erklären.
6. **Finde eine gemeinsame Basis:** Das macht es euch leichter, die Unterschiede zu schätzen.
7. **Erkenne das Potenzial:** Mach dir klar, welche Möglichkeiten ihr beide habt, wenn ihr voneinander lernt.

Frag dich:

Welche Hindernisse stehen mir im Weg, um Unterschiede zu schätzen? Habe ich zum Beispiel Vorurteile? Oder verursachen Veränderungen ein mulmiges Gefühl bei mir?

Tendiere ich dazu, Menschen, die eine andere Meinung oder ein anderes Aussehen haben als ich, zu meiden?

Mach den nächsten Schritt

Gibt es jemanden, der völlig anders ist als du? Was kannst du von dieser Person lernen? Finde es heraus, indem du Zeit mit dieser Person verbringst. Schreib deine Ideen anschließend hier auf:

Person, die völlig anders ist als ich: ______________________

____

Das kann ich von ______________________ lernen:

____

____

____

Kennst du die einzigartigen Stärken der Menschen im deinem Umfeld? Erstelle eine Liste. Notier auch, wie du von diesen Stärken profitieren kannst:

Name	Stärken und die Möglichkeiten, davon zu profitieren

3. Entscheide dich für den höheren Weg

„Synergie ist nicht mein Weg oder dein Weg. Synergie ist ein besserer Weg – ein höherer Weg!“

SEAN COVEY

Synergie heißt: 1 + 1 = 3!

Weshalb ist Synergie der bessere, der „höhere" Weg? Ganz einfach: **Synergie ist mehr als ein Kompromiss oder einfache Zusammenarbeit.** Synergie ist kreative Kooperation. Hier gilt: 1 + 1 = 3 oder sogar noch viel mehr. Am Ende ist das Ganze größer als die Summe seiner Teile!

Bestimmt hast auch du Synergie schon einmal hautnah erlebt. Beispielsweise, als du in einem Projekt dabei warst, das wirklich gut lief. Auch gute Bands sind tolle Beispiele für Synergie. Ihren unverkennbaren „Sound" verdanken sie nicht dem Schlagzeuger, dem Gitarristen, dem Saxofonisten oder dem Sänger. Alle Musiker bringen ihre individuellen Stärken ein. Am Ende entsteht etwas Besseres, als jeder allein für sich je auf die Beine stellen könnte.

Synergie schaffen:

FÜNF-SCHRITTE-PLAN

1. **Was ist das Problem?**
   Beschreib das Problem.

2. **Welche Wünsche haben die anderen?**
   Versuch zuerst, die anderen zu verstehen.

3. **Welche Wünsche hast du?**
   Erklär den anderen deine Sicht der Dinge.

4. **Welche neuen Lösungen gibt es?**
   Seid kreativ und entwickelt gemeinsam neue Lösungen.

5. **Welche Lösung ist die beste?**
   Wählt die beste Lösung aus und setzt sie um.

Frag dich:

Was kann ich von den Menschen lernen, deren Meinung ich nicht teile?

Was hindert mich daran, mit anderen Synergien zu schaffen? Verunsichern mich Unterschiede? Fehlt mir die Geduld, mir die Meinung anderer anzuhören? Habe ich nicht den Mut, meine eigene Meinung offen zu sagen? Oder fällt es mir schwer, mich auf neue Ideen einzulassen?

Mach den nächsten Schritt

Nimm ein aktuelles Thema, das dir wirklich wichtig ist. Schieb deine persönliche Meinung zur beiseite. Frag verschiedene Personen, was sie über dieses Thema denken. Höre ihnen zu, um ihren Standpunkt zu verstehen. Schreib mindestens drei neue Perspektiven auf, die du dadurch gewonnen hast:

Mein Herzensthema: ______________________

____

Meine neuen Perspektiven:

1. ______________________________
____

2. ______________________________
____

3. ______________________________
____

Woran erkennst du Synergie?

Wenn du Synergie mit anderen geschaffen hast, wirst du …

- große Freude und Begeisterung spüren,
- manche Dinge und Menschen völlig anders sehen,
- das Gefühl haben, dass sich die Beziehung zu diesen Menschen stark verbessert hat,
- ein Ergebnis haben, das weitaus besser ist als alles, was jeder von euch jemals alleine erreicht hätte.

4. Sei offen und neugierig

„Der Schlüssel, um Unterschiede zu schätzen, ist die folgende Erkenntnis: Jeder von uns sieht die Welt nicht so, wie sie tatsächlich ist, sondern so, wie er ist.“

STEPHEN R. COVEY

Test: Bist du objektiv und offen für andere Meinungen?

Viele sind überzeugt, dass sie objektiv und offen für andere Meinungen sind – und alle anderen nicht. Und wie sieht es bei dir aus? Mach den Test und finde es heraus. Lies die folgenden Fragen aufmerksam durch und kreuze an, was am ehesten auf dich zutrifft:

Trifft das auf dich zu?	Oft	Selten	Nie
Sprichst du respektvoll mit anderen, auch wenn sie anderer Meinung sind?			
Hörst du zu, um die Meinung, den Standpunkt und die Ideen anderer wirklich zu verstehen?			
Versuchst du, die Perspektive zu wechseln und die Welt durch die Augen anderer Menschen zu sehen?			
Geht es dir in Diskussionen wirklich um die Sache oder nur darum, recht zu haben?			
Ermunterst du andere, lebhaft mit dir zu diskutieren? Gibst du ihnen genügend Raum, um ihre Gedanken und Argumente darzulegen?			
Wenn du merkst, dass du bei einer Sache falschliegst, bist du dann bereit, deine Meinung zu ändern?			
Gehst du auf Menschen zu, die anders sind als du? Bist du überzeugt, dass ihr voneinander lernen und profitieren könnt?			
Versuchst du, Gemeinsamkeiten mit anderen zu finden? Auch im Hinblick auf deine Werte und Prinzipien?			

Frag dich:

Was sagen meine Testergebnisse darüber aus, wie offen ich für Unterschiede bin? Gibt es Punkte, bei denen ich mich gerne verbessern würde?

Mach den nächsten Schritt

Ob in der Schule oder in der Familie: Erstell eine Liste mit Unterschieden, die es in deinen Beziehungen gibt – beispielsweise Alter, Lebensweise, politische Meinung, Kleidungsstil, Essgewohnheiten, Hobbys, Religion … Schreib auf, was du konkret tun kannst, um diese Unterschiede in Zukunft mehr zu schätzen.

Unterschiede	So kann ich die Unterschiede schätzen
Verschiedene Hobbys	Möglichkeit, neue Sportarten auszutesten

7. Weg: Die Säge schärfen

Hier geht's um dich!

1. Sorge gut für dich selbst

„Genau wie ein Auto brauchst du regelmäßige Inspektionen und Ölwechsel. Das heißt: Du brauchst Zeit, um das Beste, was du hast, zu erneuern – dich selbst!“

Sean Covey

Kümmere dich um das Wertvollste, was du hast

Kommt es manchmal vor, dass du unausgeglichen, gestresst oder ausgepowert bist? Dann wird dir der 7. Weg gefallen. Hier erfährst du, wie du deine inneren Akkus wieder aufladen kannst. Genauer gesagt geht es um die regelmäßige Erneuerung und Stärkung der 4 wichtigsten Dimensionen im Leben – Körper, Verstand, Herz und Seele.

Die 4 wichtigsten Dimensionen in deinem Leben

Körper		**Physische Dimension** Sport, gesunde Ernährung, genug Schlaf, Erholung und Entspannung
Verstand	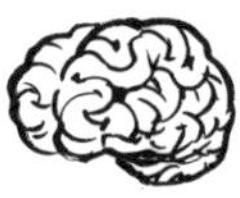	**Mentale Dimension** lesen, lernen, schreiben, neue Fähigkeiten erwerben, kreativ sein
Herz		**Emotionale Dimension** Beziehungen pflegen, Gutes tun, lachen, sich selbst lieben lernen
Seele	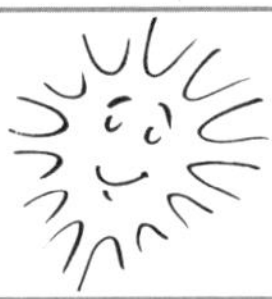	**Spirituelle Dimension** meditieren, Tagebuch führen, Kunst, Literatur, Musik

Um fit, gesund und leistungsfähig zu sein, solltest du alle 4 Dimensionen deines Lebens in Balance bringen. Denn alle sind eng miteinander verknüpft. Das heißt: **Sobald du eine Dimension vernachlässigst, wirkt sich das automatisch auf die anderen aus.** Es ist wie bei einem Autoreifen. Wenn einer nicht richtig ausgewuchtet ist oder zu wenig Luft hat, werden sich alle vier ungleichmäßig abnutzen.

Frag dich:

Nehme ich mir jeden Tag ausreichend Zeit für die Erneuerung von Körper, Verstand, Herz und Seele?

Vernachlässige ich eine oder mehrere der 4 Dimensionen? Was sind die Gründe dafür?

Mach den nächsten Schritt

Auf den nächsten beiden Seiten findest du einige Ideen, wie du jeden Morgen und jeden Abend etwas Gutes für dich tun kannst. Welche dieser Ideen setzt du bereits um?

Welche dieser Ideen wirst du in den nächsten Tagen und Wochen ausprobieren?

Morgenroutine:
Ideen für einen guten Start in den Tag

Abendroutine:

Ideen für einen entspannten Tagesabschluss

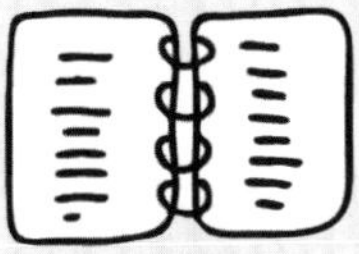

Geh deinen Kalender und deine To-do-Liste durch.

Verbanne dein Handy aus dem Schlafzimmer.

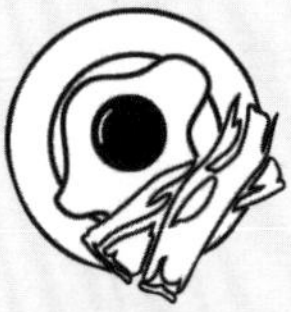

Genieße eine Aromatherapie.

Nimm dir Zeit für Körperpflege.

Lies ein gutes Buch.

Leg die Kleidung für den nächsten Tag bereit.

Komm zur Ruhe. Denk an die schönen Dinge, die du während des Tages erlebt hast.

Stell den Wecker. Nutze einen Lichtwecker, um sanft in den Tag zu starten.

2. Tu was für deinen Körper und deine Fitness

„Bewegung verleiht dir frischen Schwung und hilft dir, Stress abzubauen. Deshalb: Such dir eine sportliche Betätigung, die dir Spaß macht und die sich gut in deinen Tagesablauf einfügen lässt."

SEAN COVEY

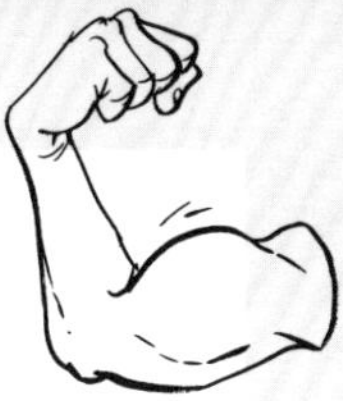

Kümmere dich gut um deinen Körper

Sorge gut für deinen Körper. Dazu gehören eine **gesunde Ernährung**, ausreichend **Entspannung** und regelmäßige **sportliche Aktivitäten**.

Frag dich:

Was sagt mein Körper mir gerade? Habe ich heute Nacht genug Schlaf bekommen? Habe ich heute schon Obst und Gemüse gegessen? Welche ungesunden Gewohnheiten habe ich – zum Beispiel rauchen, zu viel Süßes essen oder zu wenig Sport und Bewegung?

Wie kann ich meine körperliche Fitness und meine Ausdauer verbessern?

Mach den nächsten Schritt

Wähle mindestens eine der folgenden drei Möglichkeiten aus, um etwas für deinen Körper und deine Fitness zu tun:

1. **Stell deinen Wecker – und zwar abends:** Das erinnert dich daran, rechtzeitig ins Bett zu gehen und genügend Schlaf zu tanken.

2. **Finde eine Möglichkeit, um aktiv zu sein, die dich herausfordert:** Füge beispielsweise deinem Fitnessprogramm eine neue Komponente hinzu – Ausdauer, Beweglichkeit, Muskelaufbau oder Krafttraining.

3. **Verzichte eine Woche lang auf eine schlechte Gewohnheit, die deinem Körper schadet:** Lass Zigaretten, Alkohol, Süßigkeiten oder zuckerhaltige Getränke und Co. links liegen: Wie fühlt es sich an, wenn du das eine ganze Woche lang durchhältst?

Oder denk dir was anderes aus, um deinem Körper etwas Gutes zu tun und deine Fitness zu steigern.

Eigene Ideen, die ich ausprobieren werde:

3. Schärfe deinen Verstand

„Von der grauen Masse zwischen deinen Ohren hängt deine gesamte Zukunft ab. Deshalb: Tu was für deinen Verstand. Ob Schule, Hobbys, Nebenjobs, Vorträge, Bücher oder was auch immer: Bau dein Wissen gezielt aus."

SEAN COVEY

Tu was für deine grauen Zellen

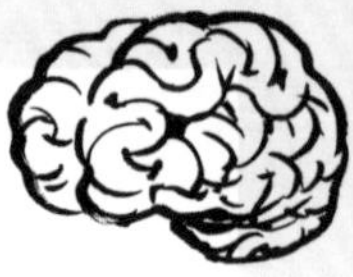

Was ist mit Abstand das Beste, was du machen kannst, um später einen tollen Job zu bekommen und gutes Geld zu verdienen? Schärfe deinen Verstand. Tu was für deinen Kopf. **Eigne dir so viel Wissen und Bildung an, wie du nur kannst.** Und: Auch wenn du schon aus der Schule raus bist – hör bitte nicht auf zu lernen!

Frag dich:

Was kann ich ganz konkret tun, um meinen Verstand zu schärfen?

Ob Programmierkurs, Schreibwerksatt, Ferienjob oder Praktikum: Was kann ich schon heute machen, um meine langfristigen beruflichen Ziele zu erreichen?

Mach den nächsten Schritt

Wähl mindestens einen der folgenden Punkte aus, um deinen Verstand auf Trab zu bringen. Kreuze das an, was du innerhalb der nächsten drei Tage definitiv machen wirst:

- ☆ Ein Kreuzworträtsel oder ein Sudoku lösen.
- ☆ Einen Songtext oder ein Gedicht auswendig lernen.
- ☆ Ein gutes Buch lesen.
- ☆ Ein Strategiespiel machen.
- ☆ Ein neues Hobby austesten.

Apropos Hobbys ...

Hier kommen einige Hobbys, die besonders schlau machen. Vielleicht ist da ja was für dich dabei? Unterstreiche das Hobby, das du unbedingt ausprobieren willst.

• ein Musikinstrument spielen • Fotografieren • Gärtnern • Nähen oder Stricken • Kurzgeschichten schreiben • Töpfern • Malen und Zeichnen • Gedichte verfassen • Kochen und Backen • eigene Lieder komponieren • eine Fremdsprache lernen • Puzzeln • Möbel restaurieren • Meditieren • Geocoaching • Modellbau • Schach spielen • Gehirnjogging

Eigene Ideen, um meine grauen Zellen fit zu halten:

___

___

___

4. Bring dein Herz zum Hüpfen

„Hast du auch schon mal gedacht, in einer Achterbahn der Gefühle zu sitzen? Willkommen im Club! Diese turbulenten Achterbahnfahrten sind für Teenager ziemlich normal. Dein Herz ist nämlich sehr sprunghaft. Es braucht ständig Pflege und Fürsorge. Also achte gut auf dein Herz!"

SEAN COVEY

Kümmere dich um deine Beziehungen

In Herzensangelegenheiten kannst du die Säge am besten schärfen, indem du dich um den Aufbau und die Pflege von Beziehungen zu anderen Menschen kümmerst. Das beste Mittel dazu sind regelmäßige Einzahlungen auf deine **Beziehungskonten** und dein **Selbstwertkonto**.

Frag dich:

Wie kann ich jemandem das Leben schöner machen? Was wäre eine riesige Einzahlung auf meinem Beziehungskonto bei dieser Person?

Wie sieht es bei meinen engsten Beziehungen aus? Bin ich bei einigen Beziehungen im Minus? Warum ist das so?

Beziehung zu ...	Darum bin ich im Minus

Mach den nächsten Schritt

Hier kommen einige Ideen, wie du deine Beziehungen pflegen kannst. Kreuze die Ideen an, die du in den nächsten drei Tagen umsetzen wirst:

- ☆ Einen Freund oder eine Freundin zur mir nach Hause oder zum Chatten einladen.
- ☆ Jemandem, von dem ich lange nichts gehört habe, eine nette Nachricht schicken.
- ☆ Meine Großeltern oder andere ältere Bekannte besuchen und mit ihnen über ihr Leben und ihre Erfahrungen sprechen.
- ☆ Jemandem, der mich verletzt oder geärgert hat, verzeihen.
- ☆ Mir selbst einen Fehler verzeihen, den ich gemacht habe.
- ☆ Jemandem, der mich unterstützt hat, eine Danke-Nachricht schicken.

Eigene Ideen, um meine Beziehungen zu verbessern:

5. Gib deiner Seele, was sie braucht

„Deine Seele ist dein innerstes Selbst. Es ist tief unter der Oberfläche deines Alltags-Ichs verborgen. Hier liegen deine tiefsten Werte und Überzeugungen. Deine Seele ist die Quelle, aus der du deinen Lebenssinn und deine innere Ruhe beziehst."

SEAN COVEY

Was lässt deine Seele aufblühen?

Was berührt deine Seele? Ein gefühlvoller Song? Ein gutes Buch? Kommt es vor, dass du bei einem Film weinen musst? **Genau wie dein Herz braucht auch deine Seele sehr viel Pflege und Fürsorge.** Die gute Nachricht? Es gibt viele Dinge, die deine Seele aufblühen lassen!

Frag dich:

Was kann ich für meine spirituelle Erneuerung tun? Was tut meiner Seele gut? Und worauf sollte ich in Zukunft lieber verzichten, weil es meiner Seele schadet?

Das tut meiner Seele gut. Das will ich öfter machen.	Das schadet meiner Seele. Darauf werde ich verzichten.

Was inspiriert mich tief im Innersten? Musik, Natur, Meditation, Yoga, Bücher, Gedichte …

Mach den nächsten Schritt

Reserviere dir in den nächsten 30 Tagen jeweils 5 Minuten. Nutze diese 5 Minuten, um deiner Seele etwas Gutes zu tun. Blocke diese Zeit fest in deinem Tagesplan. Kreuze das an, was du in den nächsten 30 Tagen für deine spirituelle Erneuerung machen wirst:

- ☆ Mein Leitbild überarbeiten.
- ☆ Zeit in der Natur verbringen.
- ☆ Andere Menschen unterstützen.
- ☆ Musik machen.
- ☆ Morgens nach dem Aufstehen meditieren.
- ☆ Songtexte oder Gedichte schreiben.

Eigene Ideen, um meiner Seele etwas Gutes zu tun:

6. Nimm dir Zeit für dich

„Menschen, die auf ihre physische und psychische Gesundheit achten, können sich besser an Veränderungen anpassen, stärkere Beziehungen aufbauen und Rückschläge leichter wegstecken. Selbstfürsorge ist wichtig. Sie macht dich nicht nur widerstandsfähiger, sondern auch glücklicher!"

M. J. FIEVRE

Setz Selbstfürsorge und Erneuerung an die erste Stelle

„Die Säge schärfen“ ist eine **Quadrant-2-Aktivität**. Wir müssen pro-aktiv sein, um uns die Zeit dafür zu nehmen.

DRINGEND	NICHT DRINGEND	
Q 1 Notwendigkeit • Auf wichtige unvorhersehbare Ereignisse reagieren • Wichtige nicht geplante Aufgaben erledigen • Dringende Probleme lösen • Last-Minute-Deadlines einhalten	**Q 2 Effektivität** • Pro-aktive Tätigkeiten ausführen • Zeitpläne und Prioritätenlisten erstellen • An wichtigen Zielen arbeiten • Freundschaften und Beziehungen pflegen • Lernen und Hausaufgaben machen • Zeit mit Sport und Erholung verbringen	WICHTIG
Q 3 Ablenkungen • Sich mit unnötigen Dingen ablenken – beispielsweise Textnachrichten checken oder einige Minuten im Netz surfen • Sich um nebensächliche Probleme anderer Leute kümmern • Anderen Aufgaben abnehmen, die sie ganz einfach selbst erledigen können • Unwichtige Nachrichten verschicken, belanglose Status-Updates erstellen	**Q 4 Zeitverschwendung** • Einfache unwichtige Dinge erledigen, weil du keine Lust hast, dich mit anspruchsvollen wichtigen Dingen zu befassen • Den ganzen Tag im Bett bleiben • Endlos trödeln und faulenzen • Stundenlang mit Freunden über belanglose Dinge quatschen • Über andere tratschen und lästern • Ohne Ende streamen, chatten, gamen …	NICHT WICHTIG

Frag dich:

Kommt es oft vor, dass mir dringende Dinge die Zeit für meine Erneuerung und Selbstfürsorge stehlen?

- **Selten**
- **Manchmal**
- **Viel zu oft**

Welche dringenden Dinge stehlen mir die meiste Zeit?

Mach den nächsten Schritt

Nimm dir heute 30 Minuten für dich selbst. Gib dir die Erlaubnis dazu. Überleg dir: Was hilft dir, Stress abzubauen? Notiere deine eigenen Ideen oder lass dich von den Ideen auf der nächsten Seite inspirieren. Und dann mach es einfach!

Die 30-Minuten-Stress-Stopper

Die folgenden Anregungen helfen dir, Stress in die Schranken zu weisen. Bitte denk daran, das Ganze auf 30 Minuten zu begrenzen. Ansonsten werden daraus schnell nicht dringende und nicht wichtige Quadrant-4-Aktivitäten:

- Erstell eine Liste mit Dingen, für die du dankbar bist.
- Hör dir einen positiven, inspirierenden Podcast an.
- Entspann dich mit einem Ausmalbuch.
- Mach einen kurzen Spaziergang.
- Gönn dir ein kleines Nickerchen.
- Schau eine Folge deiner Lieblingsserie an.
- Nimm ein heißes Bad mit duftenden Ölen.
- Lies einige inspirierende Zitate.
- Träum ein wenig und erstell eine Liste mit Zielen.
- Spiel spontan Fußball mit den Kids aus der Nachbarschaft.
- Mach Atem- und Entspannungsübungen.
- Beschäftige dich mit deinem Haustier.
- Trink in aller Ruhe eine Tasse Tee.
- Meditiere oder hör entspannende Musik.
- Schreib einen motivierenden Brief an dein zukünftiges Ich.
- Tu einfach nichts!

Gib die Hoffnung nicht auf!

„Egal, ob du 13, 15, 18 oder 25 bist: Du kannst den Kurs in deinem Leben immer ändern und deine Ziele erreichen!"

Sean Covey

Bleib auf Kurs!

Wenn die die 7 Wege zur Effektivität beherzigst, wird das viele positive Veränderungen in deinem Leben bringen. Dennoch wird nicht immer alles perfekt laufen. Bitte lass dich nicht entmutigen. Gib nicht auf!

Denk an ein Flugzeug

Denk daran, was du mit einem Flugzeug gemeinsam hast: Ihr seid beide 90 Prozent der Zeit nicht auf Kurs! Und dennoch werden das Flugzeug und du am gewünschten Ziel ankommen. Auch wenn du manchmal das Gefühl hast, komplett vom Kurs abzudriften, bedeutet das erst mal gar nichts. Solange du regelmäßig wieder zu deinem Plan zurückkehrst, kleine Kurskorrekturen vornimmst und die Hoffnung nicht aufgibst, wirst du dein Ziel erreichen!

Frag dich:

Welcher der 7 Wege hat mir am besten gefallen und warum?

Welcher der 7 Wege ist momentan die größte Herausforderung für mich? Was sind die Gründe dafür?

Welcher der 7 Wege hat aktuell die größte positive Wirkung auf mich? Weshalb ist das so?

Mach den nächsten Schritt

Was kannst du tun, um die 7 Wege in deinem Leben umzusetzen?

Schreib gleich auf, was dein erster Schritt ist, um die 7 Wege umzusetzen, und halte auch fest, wann du damit beginnst:

Mein erster Schritt:

Ich beginne am

Umgesetzt habe ich diesen Schritt spätestens am

Hier sind noch 3 Tipps:

1. **Lies mein Buch „Die 6 wichtigsten Entscheidungen für Jugendliche“:** Hier findest du viele praktische Tipps zur Umsetzung der 7 Wege.

2. **Erklär jemand anderem die 7 Wege zur Effektivität:** Fang mit dem Weg an, der dir am meisten Spaß macht. Du wirst sehen: Wenn du einem anderen die 7 Wege erklärst, wirst du sie selbst auch wesentlich besser verstehen.

3. **Und: Bitte gib nicht auf, wenn es manchmal nicht so gut bei dir läuft.** Denk an das Flugzeug. Korrigier deinen Kurs und mach einfach weiter. Dann kommst du an dein Ziel!

Jetzt sind wir am Ende dieses Workbooks angekommen. Ich danke dir, dass du diese Reise durch die 7 Wege zur Effektivität mit mir gemeinsam unternommen hast. Nun wünsche ich dir viel Erfolg und viel Glück auf deinem weiteren Lebensweg. Ich weiß, du wirst es schaffen. Denn ich glaube fest an dich!

Dein Sean

Über Sean Covey

Sean Covey ist ein international gefragter Vortragsredner und New-York-Times-Bestsellerautor. Er hat mehrere Bücher geschrieben – darunter „Die 6 wichtigsten Entscheidungen für Jugendliche“ und „Die 7 Wege zur Effektivität für Jugendliche“.

Als Präsident von FranklinCovey Education widmet sich Sean der Verbesserung von Bildungsmöglichkeiten auf der ganzen Welt. Zudem leitet er das Schulentwicklungsprogramm Leader in Me® von FranklinCovey, das mittlerweile in über 6000 Schulen eingesetzt wird.

Sean wurde in Belfast (Nordirland) geboren. Nach dem Bachelor-Studium an der Brigham Young University in Utah, USA, machte er seinen MBA in Betriebswirtschaft an der Harvard Business School. Als Quarterback für die Brigham Young University führte er sein Team in zwei Endspiele und wurde vom amerikanischen Kabelsender ESPN zweimal zum wertvollsten Spieler gewählt.

Seine Lieblingsbeschäftigungen sind Kinobesuche, Sport, Unternehmungen mit der Familie, Mountainbike fahren, Kurzfilme drehen und Bücher schreiben. Sean und seine Frau Rebecca leben mit ihren Kindern in den Rocky Mountains.